Glückwunsch!

Olaf Fuhrmann

Glückwunsch!

Texte und Ideen für alle privaten Anlässe

- Mit Bastel- und Geschenkideen
- Kurze Glückwünsche
  für Mail & Co.

FALKEN

Inhalt

Einleitung

Es gibt Glücksbringer, Glücksfälle, Glücksgriffe, Glückskinder, Glücksjäger, Glückspilze, Glücksschweinchen und Glücksritter.
Wir wissen von Glücksgütern, schätzen den Glücksfall, drehen am Glücksrad und warten auf die Glückszahl, hoffen auf unseren Glücksstern, dass wir im Glückstopf einen Glücksgriff tun, der mehr einbringt als nur den Glückspfennig.
Wir kennen die Glückssache und die Glückseligkeit.
Und wir versenden Glückwünsche.
Dies ist ein Buch der Glückwünsche. Ein Glückwunsch ist – wer es nicht weiß oder nach den ersten Sätzen verwirrt sein sollte – der „Ausdruck freudiger Anteilnahme bzw. der Hoffnung auf eine glückliche Zukunft“. So belehrt uns ein Wörterbuch.
Eine solche Belehrung lassen wir uns gern gefallen, bekommen wir's doch gleich mit vier positiv besetzten Begriffen zu tun: Freude, Hoffnung, Glück, Zukunft. Wir freuen uns mit jemandem, der ein Fest feiert. Wir nehmen die Feiertage im Jahreslauf zum Anlass, einander Gutes für die Zukunft zu wünschen. Wenn einem unserer Verwandten und Bekannten „außer der Reihe“ Glück widerfährt und wir hoffen, dass sich das in der Zukunft oft wiederholen möge, versäumen wir nicht, unsere „freudige Anteilnahme“ auszudrücken. Oft tun wir das gedankenlos. Eine Glückwunschkarte ist schnell gekauft. Dann schreiben wir: „Lieber Heinz, zu deinem … gratulieren wir dir sehr herzlich und wünschen dir alles Gute.“ Und weiter? Schon sind wir mit unserem Latein am Ende. Was kann man denn sonst noch auf so eine Karte schreiben? Und muss es überhaupt eine Karte sein?
Dieses Buch soll Ihnen als Fundgrube dienen. Damit Sie denen, die Ihnen nahe stehen, auch auf individuelle, unverwechselbare Weise

Glück wünschen können, wurden hier Vorschläge und Ideen zusammengetragen, die Sie darüber hinaus anregen sollen, Ihre eigene Kreativität zu entfalten.

Die Welt, in der wir leben, wandelt sich schnell. Keiner käme heute auf den Gedanken jedes Schriftstück mit Tinte und Gänsekiel zu schreiben. Noch vor 30 Jahren konnte – verständlicherweise – niemand auf die Idee kommen, E-Mails zu versenden. Doch nach wie vor kann die kalligrafische Handschrift dem, der Handwerkliches schätzt, ebenso Freude machen, wie die E-Mail mit angehängter Glückwunschdatei denjenigen begeistert, der auf neue Medien steht. Ideenreichtum ist Trumpf, wenn es um originelle Glückwünsche geht, egal zu welchem Anlass Sie Glück wünschen, wer der Empfänger ist und welchen Mediums Sie sich bedienen.

Also: Blättern Sie und stöbern Sie in unserer Fundgrube und lassen Sie uns vielleicht gelegentlich wissen, mit welcher Glückwunschidee Sie am besten angekommen sind.

Verlobung
Hochzeit
Hochzeitsjubiläen

Die Verlobung

Die Verlobung ist eine Vorstufe zur künftigen Ehe. Die bevorstehende Verlobung wird vom Brautpaar und/oder dessen Eltern angezeigt; sei es in der Form gedruckter Briefkarten, sei es durch Zeitungsanzeige oder durch beides. Wer eine solche Anzeige persönlich erhält, sollte auf keinen Fall versäumen Glück zu wünschen. Auch wer in der Zeitung von der Verlobung nahe stehender Bekannter liest, kann und sollte mit dem Glückwunsch reagieren. Selbst wenn man nur mittelbar – durch das Gespräch beim Bäcker oder beim Frisör beispielsweise – von einem Verlöbnis erfährt, das in einer Familie ansteht, zu der man freundschaftliche, nachbarschaftliche, geschäftliche oder dienstliche Beziehungen unterhält, kann es keinesfalls schaden, wenn man dem jungen Paar gratuliert. Man will und sollte sich etwas ganz Besonderes einfallen lassen. Man möchte gern abweichen vom ausgetretenen Pfad des Herkömmlichen und durch Originalität auffallen. Je persönlicher, origineller und treffender die Gratulation, desto größer die Freude, die sie auslöst!

Gedichte für das Brautpaar

An das Brautpaar
Was wir schon vorausgesehen –
heute ist es nun geschehen!
Zwei, die liebend sich verstehen,
wollen miteinander gehen
fortan. Innig Hand in Hand,
treu einander zugewandt
durch des Lebens buntes Land.
Zukunft, fremd und unbekannt,
zeigt sich ihnen hell und licht!

Dass sie hält, was sie verspricht,
dass es heut und morgen nicht
euch am steten Glück gebricht
wünschen von Herzen …

Als Eva Adam sich versprach,
da blieb ihr keine Wahl.
Weil an Bewerbern es gebrach,
erkor sie zum Gemahl
den einz'gen Mann auf weiter Welt,
durch Gottes Rat ihr zugesellt.
Sibylle ist viel besser dran.
Sie suchte sich den rechten Mann,
der ihr – dem sie – so gut gefallen.
Kurzum: den Herrlichsten von allen!
Weil sich die beiden innig lieben
soll'n sie auch niemals mehr vertrieben
sein aus des Paradieses Garten,
darin nur Freuden sie erwarten.
Nur Freuden? Nein, das gibt es nicht!
Ein Narr, der ihnen das verspricht.
Auch steile Pfade wird es geben
auf unsres Paares Weg durchs Leben.
Doch wer gemeinsam sie beschreitet
und tapfer gegen Schweres streitet,
vereint durch steter Liebe Kraft,
der weiß im Voraus, dass er 's schafft!
So nehmt denn meine Wünsche hin,
weil euer guter Freund ich bin!
Euer …

Es muss nicht immer der herkömmliche Briefbogen sein; man kann stattdessen auch ein Glückssymbol aus Pappe schneiden, es beschriften und in den Umschlag stecken. Das Schreiben nimmt dann Bezug aufs jeweilige Symbol.

Das vierblättrige Kleeblatt
1. Blatt
Liebe Brautleute!
So grün wie dies Blatt ist eure Hoffnung
fürs spätere gemeinsame Leben.
2. Blatt
Kleeblätter gedeihen auf sonnigen Sommerwiesen.
Möge auch euer Lebensweg durch überwiegend
sonnige Gegenden führen.
3. Blatt
Klee gedeiht aber auch verborgen im Schatten.
Man braucht ein scharfes Auge, um ihn dort zu entdecken.
4. Blatt
Dass euer Blick stets offen sei für alles Schöne, wünscht euch euer …

Wer sich verlobt, der steht sozusagen am Start zum Höhenflug. Auch dies lässt sich versinnbildlichen: durch ein Düsenflugzeug oder eine Rakete. Entsprechende preiswerte Steckmodelle bekommt man im Spielzeughandel. Die darauf geschriebene Gratulation nimmt dann Bezug auf die „weite gemeinsame Reise“, auf den „Höhenflug zum andern Stern“, auf den Start in den „siebenten Himmel“.
Ausgefallene Glückwunschideen kommen oft besonders gut an. Angenommen, die Namen der Verlobten seien Klaus und Manuela. Dann könnte die Gratulation etwa wie folgt aussehen:

Meine lieben Verlobten!
Kann ich auch nicht persönlich mit euch feiern,
Lasse ich es mir doch nicht nehmen,
Alles erdenklich Gute aus der Ferne zu wünschen!
Um euer künftiges Glück ist mir nicht bange.
Selbst in schweren Zeiten werdet ihr treu zusammenstehen.
Mit Liebe kann man bekanntlich Berge versetzen.
Alle Wege ebnen sich, wenn zwei im Team arbeiten
Nicht nur ist geteilte Freude doppelte Freude,
Um geteilten Schmerz stehts so, dass er sich halbiert.
Einigkeit macht stark und froh!
Liebe ist der beste Wegbegleiter.
Alles Liebe und Gute wünscht euch …

Die Anfangsbuchstaben einer jeden Zeile, hintereinander gelesen, ergeben „Klaus“ und „Manuela“. Um dies hervorzuheben, können Sie die Anfangsbuchstaben zum Beispiel in der Art von Initialen auf alten Handschriften ausmalen. Und um das Altertümliche zu unterstreichen, schreiben Sie auf Pergament, das als Rolle in einer entsprechenden Papphülse verschickt werden kann.
Je mehr ein Glückwunsch den Eindruck erweckt, sein Absender habe sich um Originalität bemüht, desto kostbarer wird er für den Empfänger sein. Wie wäre es mit einem *Silbenrätsel?*
Aus den folgenden Silben und Buchstabenkombinationen sind neunzehn Wörter zu bilden, deren Anfangs- und Endbuchstaben, von oben nach unten gelesen, den Glückwunsch ergeben.
a – a – ad – al – bart – bau – be – bell – ber – brah – del – dell – di – di – e – e – e – ei – fre – gar – ja – lou – lung – ma – me – mi – mo – na – ne – ne – nis – no – nus – pi – pu – ra – ral – rb – re – rol – sche – sen – sie – sti – tall – te – te – te – ten – tra – tu – u – un

Bedeutung der Wörter	*Auflösung für den Absender*
1. römische Göttin der Jagd	– Diana
2. kostbarer Bodenschatz	– Edelmetall
3. Vorlage, Vorbild	– Modell
4. Fensterschutz	– Jalousie
5. Planet	– Uranus
6. altdeutscher Name für November	– Nebelung
7. Teil der Landwirtschaft	– Gartenbau
8. bekannter Wunderarzt, Kurpfuscher	– Eisenbart
9. ägyptische Königin	– Nofretete
10. Strom in Indien	– Brahmaputra
11. Aufsässiger	– Rebell
12. hoher Seeoffizier	– Admiral
13. Oper von Lortzing	– Undine
14. nordafrikanische Stadt	– Tunis
15. Singvogel	– Pirol
16. italienische Weinstadt	– Asti
17. betagte Frau	– Alte
18. chemisches Zeichen für Rubidium	– Rb
19. Vogelbeerbaum	– Eberesche

Lesen Sie nun die Anfangs- und Endbuchstaben der Lösungswörter von oben nach unten, ergibt sich der Glückwunsch: Dem jungen Brautpaare alles Gute, alles Liebe!

Glückwunschbriefe

Mancher wird es vorziehen, einen schlichten *Glückwunschbrief* oder eine Briefkarte zu schreiben. Dafür sollte man nicht nur über einen flüssigen Stil verfügen, sondern auch eine gute Handschrift haben. Ist Ihre Schrift unleserlich, bedienen Sie sich am besten des Computers. Die Zeiten sind vorbei, in denen die Schreibmaschine noch als un-

persönliches Werkzeug für Geschäftspost und dienstliche Belange galt, während ein persönlicher Glückwunsch zwingend mit der Hand geschrieben werden musste. Die Allgegenwart des Computers und die zunehmende Ausschöpfung seiner Möglichkeiten haben auch ein ganz neues Verhältnis zur Schriftlichkeit entstehen lassen. Suchen Sie sich im Schriftartenmenü eine originelle und ansprechende Schrift, die dem Charakter und dem Stil ihres Glückwunschbriefes entspricht. Sie finden Schriften, die sowohl für eine **URKUNDE** (z. B. PC-Schrift „Marriage“) als auch für Mitteilungen geeignet sind, die eher an ***Werbebotschaften*** (z. B. PC-Schrift „Broadway“) erinnern.
Nun ist es oft so, dass der Schreiber (die Schreiberin) zwar mit der Braut (oder dem Bräutigam) verwandtschaftlich verbunden oder gut befreundet ist, den Bräutigam (oder die Braut) aber gar nicht persönlich kennt. Der Glückwunsch sollte auch in solchen Fällen an beide Verlobte gerichtet sein! Hierzu ein Vorschlag:

> Liebes verlobtes Paar!
> Wenn ich auch deinen Peter, liebe Marianne, noch nicht kenne, gilt mein Glückwunsch ihm wie dir in gleichem Maße. Im vertraulichen „ihr“ ist Peter mit einbezogen – ich hoffe, das ist recht so. Euch beiden wünsche ich von Herzen alles Gute für eure Zukunft. Ich kann das ohne Vorbehalt tun, weil ich sicher bin, dass ihr in aufrichtiger Zuneigung zueinander gefunden habt. Völlig unbekannt sind Sie, lieber Bräutigam, mir übrigens doch nicht, denn ich kenne ja Marianne von klein auf, kann mir also ein Bild davon machen, mit wem sie sich heute verlobt. Deshalb denke ich, dass dieses Bild freundlich und vollkommen sein muss. Werdet glücklich miteinander!
> Ihr seid herzlich eingeladen: auf euren Besuch, der hoffentlich bald stattfindet, freut sich eure …

Auch der folgende Glückwunsch ist ansprechender als eine nüchterne Gratulation ohne zusätzlichen Text:

> Meine Lieben!
> An einem Tage wie dem heutigen bleiben die Gedanken nicht nur in der Gegenwart. Sie wandern voraus in die Zukunft und zurück in die Vergangenheit. Es wird dich, lieber Bräutigam, freuen zu erfahren, dass deine Zukünftige schon von klein auf eine leidenschaftliche Köchin und Kuchenbäckerin war. In den vielen Ferientagen, die sie als Kind bei uns verbrachte, kredenzte sie zuerst nur Sandtörtchen und Matschklöße – aber später haben wir zusammen manches komplizierte Rezept „geknackt" und dabei alte Schlager geträllert und umgedichtet – weißt du noch, Anne? …
> Aber halt! So viele Geheimnisse will ich dir gar nicht verraten, ich will es dir überlassen, die vielen Vorzüge deiner Braut selbst zu erforschen. (Aber lass dir auf keinen Fall auch nur eines ihrer berühmten Lammgerichte entgehen!)
> Mit vielen Glück- und Segenswünschen grüßt euch eure …

Der folgende Brief verdeutlicht, wie Sie als Kundin einem Ihnen gut bekannten Geschäftsmann zur Verlobung gratulieren könnten:

Gisela Gießmann
Nassauer Straße 41
[PLZ] Wiesbaden 18. Mai …

Herrn Peter Störmer
Löwenapotheke
Schwalbacher Str. 17
[PLZ] Wiesbaden

Sehr geehrter Herr Störmer,
man hört ja beim Einkaufen dieses und jenes, aber was in der Bäckerei Tschanter besprochen wird, genießt den Ruf des Authentischen. Dort erfuhr ich, dass Sie sich morgen verloben werden: im wunderschönen Mai, der ja wie geschaffen scheint für einen solchen Anlass.
Lassen Sie es mich so ausdrücken: Ich habe schon immer geahnt, dass Sie eines Tages herausfinden werden, dass Pillen und Tinkturen allein nicht glücklich machen!
Ich wünsche Ihnen und Ihrer Auserwählten im Namen meiner Familie eine gelungene Verlobungsfeier, alles erdenklich Gute und eine glückliche Zukunft.

Mit besonders herzlichen Grüßen!

Ihre Gisela Gießmann

Und so gratulieren Sie schriftlich unter Kollegen:

> Liebe Frau Wagner,
> wer sich nicht still und heimlich verlobt, sondern es fröhlich in einer Anzeige öffentlich macht, muss damit rechnen, dass andere an der Freude teilhaben wollen und gratulieren möchten. Allzu überrascht waren wir von der Neuigkeit ja nicht, denn die eine oder andere scheinbar nebenhin gesprochene Bemerkung deutete darauf hin, dass Sie Ihre Verlobung zu einem „richtigen Ereignis" machen wollten. Umso mehr haben wir uns gefreut, als wir nun mit Ihrer Anzeige die schriftliche Bestätigung in Händen hielten. Wir wünschen Ihnen, liebe Frau Wagner, unserer geschätzten und beliebten Kollegin, alles Gute und Schöne. In diese Wünsche ist natürlich auch Ihr Verlobter einbezogen, der, wie wir hörten, ebenso wie Sie von Australien schwärmt. Vielleicht kann unser kleines Präsent Ihnen helfen Ihr nächstes Urlaubsziel noch präziser festzulegen. Wer weiß – vielleicht wird Ihr nächster Urlaub schon die Hochzeitsreise …
>
> Was Ihnen von Herzen wünschen
> alle Kollegen und Kolleginnen der Abteilung II

Das Präsent könnte in diesem Fall ein Bildband, ein Reiseführer oder ein Video über Australien sein.

Die Hochzeit

Fröhlich und feierlich zugleich ist der Hochzeitstag. Zwei Menschen stehen am Anfang eines gemeinsamen Weges. Eine ganze Heerschar Glück Wünschender steht bereit! Jeder von ihnen gibt sein Bestes, was die äußere Form und den Inhalt, die Originalität und den Ideenreichtum betrifft.

Der Polterabend

Zum Polterabend pflegt man zwar im Allgemeinen keine Gratulation zu schicken, aber es ist eine gute Möglichkeit, Glück zu wünschen, wenn Sie nicht persönlich anwesend sein können. Wie also wäre es mit einem lustigen *Polterabendgedicht:*

Es ist allgemein bekannt:
trampelnd kommt der Elefant
und zerbricht das Porzellan.
Hält auch vor dem Glas nicht an.
Er lässt Scherben nur zurück
und bringt keinem Menschen Glück!
Anders ist 's, wenn Nachbars Peter,
Hinz und Kunz, kurzum ein jeder,
Teller, Töpfe, Kannen, Tassen,
statt sie im Regal zu lassen,
fröhlich oder tief bewegt
vor des Brautpaars Tür zerschlägt.
Dieses wird man ihm nicht wehren,
sondern emsig Scherben kehren,
bis ein Haufen sich erhebt,
der weit in den Himmel strebt.
Als vor vielen hundert Jahren

unsre heidnischen Vorfahren
noch an böse Geister glaubten,
die dem Heim den Frieden raubten,
jagten sie mit Schimpf und Schreck
diese argen Trolle weg.
Mit Gepolter und Getöse
kämpften an sie gegens Böse.
So liegt denn ein tiefer Sinn
in dem Polterabend drin.
Böses weiche von der Schwelle.
Gutes nahe licht und helle.
Viele Scherben wünschen wir
deshalb, liebes Brautpaar, dir!
Eure …

Die Hochzeit

Was halten Sie von Hexametern? Dieser klassischen sechsfüßigen Versform ohne Endreim, die Homer in der „Odyssee" verwendete? Die Goethe in „Hermann und Dorothea" oder in „Reineke Fuchs" aufgriff? Feierlich und edel sind *Hexameter,* genau richtig also fürs schönste aller Feste.

Wie ist das Haus, sind die Räume heute so festlich geschmücket!
Klaus und Brigitte, so hört ich, reichen zum Bund sich die Hände.
Darob geziemende Wortes des Glückes an euch zu senden,
drängt mich mein Herz, das freundschaftlich für euch stets geschlagen.
Seid nun für immer vereint denn zum unauflöslichen Bunde.
Möge, was heute erblühet, nicht welken im Laufe der Zeiten.
Grüne der Myrtenkranz heute und immerdar über der Pforte!

Dieses und natürlich viel mehr noch wünscht euch von Herzen
euer stets getreulich euch liebender Bruder und Schwager.

Wie denken Sie über das *Sonett?* Es ist eine uralte lyrische Form, die immer wieder aufgefrischt und mit neuen Inhalten belebt wurde. Im Barock waren Sonette sehr beliebt. Damals wurden sie oft in so genannten deutschen Alexandrinern geschrieben. Diese sechstaktigen Verse sind lang und geschmeidig genug, um eine Menge Text darin unterzubringen. Und sie klingen außerdem ein bisschen feierlicher als die üblichen vier- und fünftaktigen Verse.

Wenn heut die Frau den Mann, der Mann die Frau gefangen,
wo jeder doch für sich schon ein Ereignis war,
wird heut aus diesen zwein ein frisch vermähltes Paar.
Wir wünschen, dass sie bald zum höchsten Glück gelangen.

Will heute eine Hand sich in die andre legen,
und sagt ihr beide Ja mit Zuversicht und Kraft,
und küsst euch beide dann in stiller Leidenschaft,
so wünschen wir euch nun ein Füllhorn voller Segen.

Die Jahre mögen hell für euch sein ohne Jammer,
die Börse sei gefüllt und auch die Speisekammer.
Und eurer Tüchtigkeit soll sein verdienter Lohn.

Ihr sollt euch immer aufeinander fest verlassen
und, wenns mal schwierig wird, euch bei den Händen fassen.
Verfahrt nach diesem Brauch, dann wird das andre schon.

Lustige Glückwunschbasteleien

Die folgende Idee eignet sich besonders für Glückwünsche an junge Paare, die es gerne pfiffig mögen. Basteln Sie eine Karte mit ausgeschnittenen und aufgeklebten Buchstaben und eventuell Figuren oder Bildern, die zum Thema „Hochzeit“ passen. Stöbern Sie in alten Zeitungen und Illustrierten, verwenden Sie Buchstaben verschiedener Größe, in schwarz-weiß oder poppig-bunten Farben. Der Text sollte der äußeren Form entsprechen. Hier ein Beispiel:

Die Jahrhunderthochzeit: Klaus und Barbara

Sie sind füreinander bestimmt, weil sie sich lieben.
Er ist ein schöner Mann, merveilleux, superbe.
Sie ist die Queen seines Herzens,
einfach vollkommen!

Die Welt gratuliert – und wir gratulieren mit!

Gabi Max Doris

Das wird dann kunterbunt aufs Papier gebracht, damit es nicht langweilig wirkt. Alle Glück Wünschenden zeichnen durch Unterschrift verantwortlich.

Wem diese Art der Schnipselei nicht liegt, der kann es auch ganz anders machen, zum Beispiel drei *Glückswürfel* zeichnen oder kaufen. Ob ausgeschnitten, gekauft oder selbst gezeichnet – die freundliche Hand, die hier dem Brautpaar mit einem Wurf drei Sechsen beschert, kann nur Tante Marie gehören oder Kusine Julia! Ein kleines Gedicht darunter schreiben – fertig ist ein origineller Glückwunsch. Für ein solches Gedicht gibts hier zwei Vorschläge:

Wie des Schicksals Würfel fallen,
das weiß niemand im Voraus.
Auf den dunklen Pfaden allen
kennt sich keiner richtig aus.
Aber ich, die liebe Tante,
tat für euch den Wurf ganz kühn;
als geneigte Anverwandte
korrigiert ich la fortune.
Dreimal ist 'ne Sechs dabei!
Grenzt das nicht an Hexerei?

Meine innigsten Glück- und
Segenswünsche sind mit euch!
Eure getreue Tante ...

Meine Guten, meine Lieben!
Gäb auf Würfeln es die Sieben,
hätt ich mit der Sechse mich
nicht begnügt, ganz sicherlich.
Immerhin hab ich, seht an,
hier den höchsten Wurf getan.
Glück für IHN und Glück für SIE
wünscht euch Tante Annelie!

Haben Sie *Spielkarten* zur Hand? Es müssen keine neuen sein. Aus ihnen schneiden Sie die Herz-Dame und den Herz-König , die das Brautpaar symbolisieren sollen. Beide, einander zugewandt, kleben Sie auf den Glückwunschbogen. Aus Herz-Zehn, Herz-Neun etc. schneiden Sie nun die Herzchen aus und kleben diese als Umrahmung ums Brautpaar. Zu diesem Symbol ist nichts zu sagen – es spricht für sich! Nehmen wir an, die Glück wünschende Familie bestehe aus Vater, Mutter, Oma, zwei Söhnen. Wir haben ja noch eine ganze Menge Damen, Könige und Buben, die als Darsteller dienen können. Da Karten aus zwei spiegelgleichen Hälften bestehen, schneiden wir sie einfach in der Mitte durch. Dadurch wirken sie auch optisch gebührend kleiner als das – unzerschnittene – „Brautpaar". Kreuz-König sei Papa, Karo-Dame Mama, Pik-Dame die Großmama, Karo-Bube und Kreuz-Bube seien die Söhne. Diese nun werden unter das zu ehrende Brautpaar geklebt. Nicht aufgereiht wie zum Appell, nicht nach dem Alter und Rang, sondern gut gemischt, schräg und gerade im Wechsel.
Und nun kommt die Gedankenarbeit! Jeder schreibt seinen ganz individuellen Glückwunsch unter die Karte, die ihn repräsentiert. Ob gereimt, ob in Prosa, ob tiefsinnig, lyrisch oder witzig – das ist Sache des jeweiligen Temperamentes.

Unser Vorschlag, Mama schreibt:

Voller Liebe, voller Freude
blick ich auf zum Hochzeitspaar.
Froh und glücklich sei es heute,
morgen, immerdar!

Ein größeres Kind malt in kunstvoller Schönschrift:

Seid an diesem Tage heiter
und erzählt mir, wie es war.
Denn nur ein paar Jahre weiter
steh ich selbst vor dem Altar.

Oma hat viel Humor: sie klebt ihr Kartenbild mit dem Kopf nach unten und schreibt folgenden Vers dazu:

Hochzeit – das ist wunderschön,
's ist, um auf dem Kopf zu stehn!

Papa hat sich ausgedacht:

Als treuer, ehrerbietiger Vasall
knie ich vorm König, vor der Königin.
Vernehmt, begleitet von Trompetenschall,
dass ich mit euch von Herzen glücklich bin!

Endlich kommt das Jüngste an die Reihe:

Ich bin noch klein,
mir fällt nichts ein
als dies allein,
mögt ihr zu zwein
stets glücklich sein!

Die Post hält Glückwunschtelegramme für alle Gelegenheiten bereit. Sie sind durchaus eine gute Möglichkeit um Glück zu wünschen. Nur – es treffen dann im Hochzeitshause siebenmal die gleichen Telegramme ein, weil sieben Anverwandte und Freunde die gleiche Wahl trafen. Origineller ist es, wenn der Gratulant sein Glückwunschtelegramm selbst entwirft, es in den Umschlag steckt und als Brief sendet oder durch Boten überreichen lässt. Fantasievoll

wird der Bütten- oder Pergamentbogen bemalt oder beklebt. Der Text wird im Telegrammstil geschrieben.
Natürlich steht Ihnen auch das Faxgerät zu Gebote. Nach den strengen Regeln der höheren Etikette gilt ein *Glückwunsch per Fax* immer noch als unfein. Aber da Sie möglicherweise mit dem Brautpaar nicht auf diplomatischem Parkett verkehren, sondern in freundschaftlicher oder kollegialer Beziehung zu ihm stehen, brauchen Sie diese Regel nicht gar zu streng einzuhalten. Ein originelles Fax kommt besser an als ein steifer, konventioneller Brief, selbst wenn er mit der edelsten Tinte auf handgeschöpftem Büttenpapier geschrieben ist. Anregungen gibt es in zahlreichen Vorlagenbüchern mit fertigen Faxvorlagen. Faxvorlagen werden auch auf CD-ROM angeboten. In der gängigen Fax-Software sind meist nur einige Standards enthalten; indes spricht nichts dagegen, wenn Sie aus den Beständen Ihrer Clipart-Bibliothek eine eigene originelle Faxseite gestalten.

Durchstarten in den siebenten Himmel?

Wie wir hörten, habt ihr die Tickets erworben.

Herzlichen Glückwunsch!

Gerda und Frank

Wem kein Computer zur Verfügung steht, kann sich originelle Vorlagen auch am Kopierer zusammensetzen. Sie werden staunen, welche interessanten Kombinationen aus realen Objekten, Grafiken und Textbestandteilen sich auf diese Weise zusammenbauen lassen. Experimentieren Sie und lassen Sie Ihrer Fantasie freien Lauf.

Der *Apfel* ist die älteste Frucht des Abendlandes. Schon im Paradies spielte er einen wichtige, wenn auch bedenkliche Rolle. In der griechischen Sage überreichte Paris Helena, der Schönsten, einen Apfel. Die Hesperiden, Töchter der Nacht, bewachten die goldenen Äpfel Heras, der Gemahlin des Zeus. Schneewittchen erstickte fast am vergifteten Apfel der Stiefmutter. Tell schoss einen Apfel vom Kopf seines Sohnes. Der Apfel als Mittel zum Zweck des Glückwünschens? Nichts einfacher als das! Dass in absehbarer Zeit Hochzeit gefeiert werden wird, ist meist schon Monate vorher bekannt. Für unsere Idee brauchen Sie einen Apfelbaum. Haben Sie selbst keinen, fragen Sie doch bei einem Nachbarn oder einem Landwirt in der Umgebung nach. Im frühen Sommer schneiden Sie die Initialen des Hochzeitpaares in spe aus stabiler Haftfolie aus und kleben sie auf einen noch grünen Apfel. Achten Sie darauf, dass die Buchstaben auf der Sonnenseite sind. Ist der Apfel reif, wird er gepflückt und die Buchstaben werden abgelöst. Dort, wo sie saßen, ist der Apfel grün geblieben, trägt die Initialen jetzt wie eine Tätowierung. Gut verpackt geht er auf die Glückwunschreise zur Hochzeit!

Auch auf andere Art lässt sich's mit Früchten zaubern. Diesmal wählen wir eine *Birne,* die winzig klein noch am Baum hängt. Den Zweig, an dem sie sich entwickelt, stecken Sie in den Hals einer besonderen, ausgefallenen Flasche; befestigen diese aber so, dass ihr Gewicht den Zweig nicht abbricht. Alles andere überlassen wir der Sommersonne. Die Flasche wirkt wie ein kleines Treibhaus. In ihr wird die Birne sich besonders üppig entwickeln. Achtung, die Flasche muss bauchig und geräumig sein, damit die ausgereifte Frucht Platz in ihr hat! Zur Hochzeit wird die Flasche dann abgenommen, mit edlem Weinbrand gefüllt und erhält statt des Etikettes einen Glückwunsch aufgeklebt. Kein Zweifel, dass sich das Paar freuen wird. Jetzt soll das Brautpaar ein bisschen herumrätseln an unserem Glückwunsch. Wir entwerfen eine *Scharade.*

1. Scharade
Mein Erstes ist ein Lebensbund,
der Mann und Frau vereint.
Mein Zweites wohl aus gutem Grund
des Menschen höchstes Ziel mir scheint.
Das ganze Wort, das wünschen wir
von Herzen, liebes Brautpaar, dir!
Eure …
Lösung: Eheglück.

2. Scharade
Hort, Schutz und Frieden biete ich,
das Erste – sowie Ruhestatt.
Wohl dem, der dieses Erste sich
für alle Zeit erbauet hat!
Das Zweite streuet Gottes Hand
voll Gnade aus aufs ganze Land.
Wo Zweites waltet, da gedeiht
und blüht das Heil für alle Zeit.
Dem Ganzen gilt mein Glückwunschbrief.
Es hänge niemals bei euch schief!
Das hofft aufrichtig euer …
Lösung: Haussegen.

3. Scharade
Das erste Wort besagt, was alle Paare halten
sich stets, die jungen und die alten!
Das zweite spricht man vor Gericht,
damit der Richter zweifle nicht,
dass der die reine Wahrheit spricht,
der seine Sache hier verficht.
Das Ganze schwört euch vorm Altar
ihr heut. Es bleibe echt, es bleibe wahr,
nicht wankend wirds für immerdar!
Dies wünschen Euch …
Lösung: Treueschwur.

Ein Brief von Kollegen an den Ehemann könnte so aussehen:

Lieber Herr Weingarten,
wir beglückwünschen Sie zu Ihrer Vermählung auf das Herzlichste! Nachdem alle Urkunden unterzeichnet, alle Eide gesprochen, alle Feste gefeiert und alle Geschenke besichtigt sind, werden Sie und Ihre Frau erst einmal durchatmen und – wie wir erfahren haben – danach zu einer ausgedehnten Hochzeitsreise starten. Wir haben unser kleines Geschenk mit der Wunschliste abgestimmt, die uns Ihre – damals noch nicht angetraute – Frau übermittelt hat. Der Sprung aus dem siebenten Himmel in den Alltag wird hoffentlich durch unsere Gabe sanft aufgefangen!

In diesem Sinne grüßen Sie und Ihre Frau

die Mitarbeiter
der Druckerei Heinrich Schulten

Dieser Glückwunsch könnte auf Bettwäsche, auf besondere, gesunde Kopfkissen oder auf flauschige Badehandtücher als Geschenk anspielen. Wird beispielsweise eine Espressomaschine verschenkt, könnte der Satz lauten:

> Wenn Sie aus dem Südseeparadies kommend wieder zur Landung in heimischen Gefilden ansetzen, werden Sie des frühen Aufstehens entwöhnt sein. Mit unserem Geschenk wird es Ihnen besser gelingen morgens munter zu werden ...

Solche Anspielungen auf das Geschenk erleichtern es dem Beschenkten später sich bei jedem für das richtige Geschenk zu bedanken.

Kinder wünschen Glück

Voraussetzung für den ersten Vorschlag ist es, dass es draußen herbstelt. Da aber eine Hochzeit meist lang geplant ist, stellt die Jahreszeit kein Problem dar. Das Kind sammelt schöne, möglichst gleich große Kastanien. Es pflückt Heidekraut und/oder gelbe Immortellen. Gibt es dafür keine Möglichkeit, können Sie die Pflanzen auch im Blumengeschäft besorgen. Jetzt wird – hier darf, falls das Kind noch nicht über genügend Handfertigkeit verfügt, ein älteres Familienmitglied helfen – jede Kastanie mit einem scharfen und spitzen Messer in der folgenden Weise ausgehöhlt: Die helle Unterfläche der Kastanie wird so ausgeschnitten, dass in ihrer Mitte ein schmaler Steg stehen bleibt. Nachdem der weiche Kern herausgeschält ist, haben wir ein kleines Henkelkörbchen. Füllen Sie dieses nun mit Erika und/oder Immortellen.
Nachdem etwa sechs solcher „*Blumenkörbe*" fertig gestellt sind, nehmen wir einen Karton für sechs Eier. Das Kind malt den Behäl-

ter an oder beklebt ihn nach eigenem Geschmack. Die Körbchen werden in die Vertiefungen eingesetzt; das Oberteil (ebenfalls bemalt oder beklebt) wird darüber geklappt. Fertig ist das Kindergeschenk, das dem jungen Paar später als Tischschmuck dienen kann. Vor jedes Gedeck oder auf die Serviette gesetzt, machen sich diese Körbchen besonders gut.
Das Geschenk wird von folgendem Gedicht begleitet:

Zum Farbtopf griff ich und ich griff zum Messer
und machte an die Arbeit mich alsdann.
Wär ich schon größer, könnte ich 's viel besser,
doch leider bin ich noch ein kleiner Mann.
Die Blümchen hab ich auch für euch gepflückt.
Ich hoffe, mein Geschenk hat euch beglückt.
Die tausend Wünsche, die euch heut begegnen,
sprech ich in diesem einen Wunsche aus:
Zum schönsten Festtag möge Gott euch segnen
und euch behüten wie auch euer Haus.
In Liebe euer kleiner …

Stammen die Kastanienkörbchen von einem Mädchen, werden die ersten Zeilen des Glückwunschgedichtes entsprechend abgewandelt:

Zum Farbtopf griff ich und ich griff zum Messer.
Zur Arbeit braucht ich eine lange Zeit.
Wär ich schon größer, könnte ich 's viel besser,
doch leider bin ich noch 'ne kleine Maid.
(Weiter gehts dann wie oben.)

Das Kind klebt aus bunten Ferienansichtskarten ein Haus. Je abwechslungsreicher und landschaftlich unterschiedlicher die Motive sind, desto eindrucksvoller der Effekt. Meer und Gebirge, eine orientalische Stadt, Urwald mit üppiger exotischer Pflanzenwelt. In die Frontseite des Kartenhauses wird ein aufklappbares Türchen geschnitten. In das Haus wird der Glückwunsch, zu einer Rolle gedreht und mit einem Goldfaden zusammengebunden, eingelegt:

> Liebes Brautpaar!
> In diesem kleinen Haus sind alle eure Träume für künftige Ferienreisen vereint. Schön wird euer Alltag sein, schöner noch ist der wohlverdiente Urlaub! Die Seilbahn soll euch auf Schneegipfel tragen, das Flugzeug in ferne Länder. Ein luxuriöser Dampfer trage euch übers Meer. Im eigenen Wagen besucht ihr die heimatlichen Küsten. Helle Augen zum Schauen, gute Laune im Herzen und jede Menge Reisegeld in der Tasche wünscht euch euer…

So ein Glückwunsch kommt dem Fernweh, das heutzutage die ganze Welt beherrscht entgegen. Noch stimmiger wird das Ganze, wenn das Kind zum Schreiben nicht normales Briefpapier, sondern beispielsweise alte Fahrscheinhefte, Flugtickes oder Ähnliches verwendet.

Viel Freude wird folgende Idee machen, die auch für Erwachsene ein guter Glückwunsch-Tipp ist: Der Gratulant besorgt sich Rosen. Voll erblühte und solche, die erst knospen. Dazu Goldstaubpulver, das aufgelöst wird, wie wir es vom Vergolden von Tannenzapfen für den Weihnachtsbaum kennen. Die Rosen werden vollständig in die Lösung getaucht. Dann werden sie herausgenommen, abgetropft und mit Wäscheklammern zum Trocknen aufgehängt. Bildschön und sehr festlich sehen solche *Goldrosen* aus. Und sie haben eine unbegrenzte Lebensdauer, sodass sie dem frisch gebackenen Ehepaar lange Freude machen. Die Goldrosen, zu einem Strauß zusammengefasst, umgeben Sie mit einer Glückwunschmanschette. Darauf steht:

Viele Blumen habt ihr schon,
weißen Flieder, roten Mohn,
himmelblau Vergissmeinnicht.
Aber goldne habt ihr nicht!
Gold ist edel, dauerhaft
wie der Liebe starke Kraft,
die zusammen euch geführt.
Dass die Liebe euch regiert,
treu und fest wie pures Gold,
dass es immer sei euch hold,
wünsch ich euch. Dazu viel Glück,
blank wie ein Dukatenstück!
Mit den besten Wünschen
euer …

Musikalische Glückwünsche

Schließlich soll der *musikalische Glückwunsch* nicht fehlen. Ein paar passende Strophen hierzu als Vorschlag und Anregung für alle jene, die dichterisch nicht unbegabt sind:

Nach der Melodie: „Alle Vögel sind schon da …“

Heut an euerm Hochzeitstag,
wünsch ich euch viel Segen.
Lebet glücklich, lebet froh,
wie der Mops im Paletot,
und das bleibe immer so
auf den fernen Wegen!

Nach der Melodie:
„Das Wandern ist des Müllers Lust ...“

Dem Brautpaar biet ich meinen Gruß.
Es lebe froh und ohn Verdruss
für alle Zeit!
Ihr Lieben, denen gut ich bin,
wollt nun gemeinsam weiterzieh’n
auf eurer Bahn!
Dafür wünsch ich euch Kraft
und Mut.
Behaltet lieb euch, bleibt euch gut
für alle Zeit!

Glückwünsche an die Eltern des Hochzeitspaares

Nicht nur für das Hochzeitspaar selbst, sondern auch für die Eltern der Jungvermählten ist der Hochzeitstag ein ereignisreicher und bedeutungsvoller Tag. Vielen wird erst jetzt bewusst, dass sich ein Generationensprung vollzogen hat. Daher kann es durchaus angebracht sein, auch den Eltern einen Glückwunsch zu widmen. Schließlich haben Sie einen gehörigen Anteil daran, dass ein so schönes Paar zueinander gefunden hat ...

Liebe Brauteltern,
Um das Ei zum Stehn zu bringen,
hat ’s Kolumbus angeknackt.
Kinder zum Verweilen zwingen,
hat er freilich nicht gewagt.
Kinder, um es auszusprechen
unumwunden, unverblümt,

tun auf Biegen oder Brechen
das, was ihnen richtig ziemt!
Eure Tochter wird dem Gatten
liebend heute angetraut.
Strahlend hell, ganz ohne Schatten,
leuchtet das Gesicht der Braut.
Und auch ihr habt überwunden,
was euch insgeheim geplagt
und in manchen Kummerstunden
euer Elternherz benagt.
's geht ja nicht um Kopf und Kragen
ihr, die stets euch teuer war!
ER wird SIE auf Händen tragen,
heute, morgen, manches Jahr.
Schiller irrte: „Mit der Feier
endet nicht des Lebens Mai.
Mit dem Gürtel, mit dem Schleier
reißt kein schöner Wahn entzwei!"
Aus dem Leben voller Heil
eurer Kinder seid ihr nicht
ausgeschlossen! Ihr nehmt teil
daran immer. Das verspricht
euch mit den herzlichsten
Glückwünschen …

Liebe Eltern des Bräutigams!
Da euer Sohn nach reiflicher Prüfung die Wahl nun getroffen,
holt er heute heim die Braut, deren Herz er gewonnen.
Schön ist sie, gewandt und tüchtig: ein treffliches Mädchen.
Diese Wahl eures Sohnes erweist sich bestimmt nicht als Irrtum,
denn, wenn auch im Verse Homers mein Glückwunsch sich ausspricht,

keine Irrfahrt – wie die des Odysseus – wird heute beginnen. Aber wie einst seine Frau dem griechischen Helden die Treue hielt, so wird auch sie euren Sohn in Liebe begleiten. Herzliche Wünsche für eine glückliche Zukunft von eurer …

Meine Lieben,
weil ich weiß, wie froh ihr heute mit euern Kindern seid, brauche ich euch nichts weiter zu wünschen, als dass euer Glück von Dauer sei! Eure …

Der prosaische Glückwunsch zur Hochzeit per Brief

Meine lieben Jungvermählten!
Jetzt habt ihr also die Ringe gewechselt und „Ja“ gesagt. Ihr seid ein Paar und blickt voller Zuversicht auf den Lebensweg, der so hell vor euch liegt, dass ihr nicht den geringsten Schatten auf ihm entdecken könnt. Aber auch ihr werdet eine großartige Entdeckung machen: Diese schöne und wunderbare Auswirkung der Ehe, dass die Zweisamkeit in dunklen Stunden besonderes stark empfunden wird. Geteilter Schmerz ist halber Schmerz, geradeso wie gemeinsam erlebte Freude sich verdoppelt! So wünsche ich euch, dass euch die Lose des Lebens gerecht zufallen und eventuelle „Nieten“ leicht verschmerzbar sind. Von den Treffern, mit denen Fortuna euch hoffentlich reichlichst bedenkt, gar nicht zu reden!
Bleibt so glücklich, wie ihr es heute seid. Mehr noch: werdet immer glücklicher, in dem Maße, wie ihr in eurer Beziehung zusammenwachsen werdet. Das wünscht euch euer Vetter …

Mein liebes Hochzeitspaar,
eure Großeltern, die in euern Augen schon einer geradezu „sagenhaften“ Generation angehören, sind jung genug geblieben, um am heutigen Ehrentag mit euch zu empfinden. Wir versetzen uns in eure Gemütslage; wir sehen mit euch die Welt im rosigen Licht. Wir kennen die Wünsche die ihr ans Schicksal habt. Was bleibt uns da noch übrig als euch zu sagen: „Es bleibe so schön, wie es heute ist; eure Wünsche mögen alle wahr werden!“ Wir wollen unseren Brief aber nicht absenden, ohne ihm ein Versprechen mitzugeben. Wenn ihr einem Problem gegenübersteht, das sich mit der „Weisheit des Alters“ vielleicht eher lösen lässt als mit jugendlichem Eifer, dann kommt getrost zu uns. Wir sind für euch da, das sollt ihr wissen.
Eure euch liebenden Großeltern!

Meine lieben beiden,
zum Hochzeitsfest wünsche ich euch Glück und Gottes Segen. Möge die Hand des gütigen und allmächtigen Gottes immer schützend über euch ausgebreitet sein. Bleibt fest im Glauben, der ein sicheres Haus für euch errichtet, unter dessen Dach ihr stets geborgen seid! „Leben wir, so leben wir dem Herrn" sei euer Losungswort für den gemeinsamen Weg, den ihr heute beschreitet.
In Liebe und Treue! Eure ...

Nachbarn schreiben zur Vermählung der Mitbewohner:

Liebe Frau Sonntag-Fröhlich, lieber Herr Fröhlich,
wir gratulieren Ihnen herzlich zu Ihrer Vermählung und wünschen Ihnen, dass Ihnen die Zukunft alles gewähren möge, was Sie sich für Ihr gemeinsames Leben erträumen.
Gern würden wir auch Ihrer freundlichen Einladung zu dem großen Hoffest folgen, doch leider sind wir selbst an diesem Wochenende zu einem lange geplanten Familientreffen in Thüringen unterwegs. Wir wählen also diesen Weg, um Ihnen unser kleines Geschenk zu übermitteln. Da Sie beide Computer-Menschen sind, werden Sie bestimmt nicht nur am Programm selbst, sondern auch an den witzigen Bildschirmschonern Ihre Freude haben.

Mit den besten Wünschen verbleiben wir
Ihre Jule und Hans Bender

Die Jungvermählten bedanken sich

Während man generell mit Dank nicht zögern sollte, dürfen sich Hochzeitspaare etwas mehr Zeit lassen. Freilich – Zeit ist ein relativer Begriff, mit dem Philosophen sich ebenso befassen wie Mathematiker. Es empfiehlt sich, nicht mehr als drei bis vier Wochen verstreichen zu lassen. Bis dahin ist das Paar heimisch im neuen Haushalt geworden und hat die Hochzeitsreise hinter sich gebracht. Sollten Sie es dennoch einmal verpasst haben, jemandem rechtzeitig für die Glückwünsche zu danken, dann reden Sie sich am besten mit Goethe heraus:

> Lieber Henry,
> Goethe wurde einmal von Eckermann gefragt, warum er manchem so lange nicht schriebe. „Wenn ich nicht jemand etwas Besonderes oder Gehöriges sagen konnte, wie es in der jedesmaligen Sache, so schrieb ich lieber gar nicht", erklärte er seinem Sekretär Eckermann. „Oberflächliche Redensarten hielt ich für unwürdig, und so ist es dann gekommen, dass ich manchem, wackeren Mann, dem ich gern geschrieben hätte, nicht antworten konnte."
> Soweit will ich 's nicht kommen lassen. Aber statt ein paar Zeilen hinzuwerfen, wollte ich dir lieber einen richtigen Brief schreiben. Leider komme ich erst heute dazu …

Sehr beliebt sind Danksagungen mit Fotos. Das frisch gebackene Ehepaar auf der Hochzeitsreise, beim ersten gemeinsamen Frühstück; beide gemeinschaftlich beim Werkeln in der Küche. Diese Bilder kleben Sie am besten so auf den Briefbogen, dass sie wirken wie dazwischengestreut, das lockert den Text auf. Zugleich stellen sie eine willkommene Ausbeute fürs Fotoalbum ihrer Empfänger dar.

Meine Lieben!
Von unserer schönen Hochzeitsreise herzliche Grüße. Ihr seht uns auf dem Markusplatz in Venedig. Klaus füttert die Tauben; ich blicke hinaus auf den Canale, wie hier alle Wasserläufe heißen.
Heimgekehrt, haben wir uns für euch beim ersten Frühstück geknipst.

Ansprechender ist folgender Text:

Meine Lieben,
weil wir uns so sehr gefreut haben über euern Glückwunsch und das hübsche Geschenk, dürft ihr einen Blick in unsere junge Ehe tun. Macht euch selbst euern Reim darauf. Wir hoffen, dass es ein glatter und fröhlicher Vers ist, ohne Hinkefüße und Fragezeichen …

Und schließlich noch ein Dankgedicht, das Bewunderung für den Absender beim Empfänger weckt!

Meine Lieben! Klaus, mein Mann,
hat zum Reimen viel Geschick.
Schaut euch nur mein Brieflein an,
dann wirds euch klar mit einem Blick,
dass zu „Höherem geboren“ er;
dass ein Dichter ging verloren
an ihm, der mir dies diktierte,
gleichsam mir die Feder führte.
Was er euch zu sagen hat?

Nun, das steht auf diesem Blatt:
Danken wollen ich und er
für die guten Wünsche sehr,
die so hoch erfreut uns haben
wie die hochwillkomm'nen Gaben,
die ihr sandtet liebevoll.
Danke schön! Wir fanden 's toll.
Eure ...

Die Silberhochzeit

Manch ein Familienfest ist schon begangen worden, bevor sich der Hochzeitstag zum fünfundzwanzigsten Mal jährt. Nun aber ist ein Vierteljahrhundert um. Und dieses besondere Jubiläum zieht nicht nur eine besondere Feier nach sich, sondern verlangt auch nach Ideen für besonders originelle Glückwünsche.

Glückwunsch mit Musikeinlage

Ihr Glückwunsch mit „Musikeinlage" wird entweder mit den entsprechenden Noten versehen, geschickt oder aber persönlich im Duett vorgetragen. Es geht dabei um Folgendes: Zwei Verwandte, Freunde oder Kinder des Silberpaares, tun sich zusammen. Der eine spricht Verse, der andere unterbricht sinngemäß an der passenden Stelle und singt die ersten Zeilen eines bekannten Liedes oder Schlagers. Wird das mündlich dargebracht, darf die ganze Festgesellschaft zum Mitsingen aufgefordert werden. Das gibt erfahrungsgemäß einen Riesenspaß.

Sprecher:

Allenthalben Glockenläuten,
was hat das wohl zu bedeuten?

Sänger:

Ich weiß nicht, was soll es bedeuten …

Sprecher:

Aber ja – jetzt fällts mir ein.
Dies nur kann der Anlass sein:

Sänger:

Es war in Schöneberg, im Monat Mai …
(Hier sind statt „Schöneberg" und „Mai" Ort und Monat der Eheschließung einzusetzen.)

Sprecher:

Das war vor fünfundzwanzig Jahren,
als … und … ein Brautpaar waren.
Beglückt ob seiner guten Wahl,
sprach zu der Braut der Junggemahl:

Sänger:

Dein ist mein ganzes Herz, wo du nicht bist, kann ich nicht sein …

Sprecher:

Das war ein Fest voll Glück und Glanz,
bestrahlt von heller Freude!

Sänger:

Wir winden dir den Jungfernkranz aus himmelblauer Seide …

Sprecher:

Wie eilt die Zeit doch gar geschwind!
Bald bracht der Storch das erste Kind.

Sänger:

Auf dem Dach der Welt steht ein großes Storchennest …

Sprecher:

Die Zeit nahm hurtig ihren Lauf,
das Kind ward größer und wuchs auf.

Sänger:

… klein, ging allein
in die weite Welt hinein …

Sprecher:

Am Anfang war es manchmal schwer,
dann blüht der Wohlstand
mehr und mehr.

Sänger:

So leben wir, so leben wir, so leben wir alle Tage …

Sprecher:

Missraten kann die Ehe nicht,
wenn zwei getreu tun ihre Pflicht,
wenn sie in Liebe sind verbunden
in ernsten wie in frohen Stunden.

Sänger:

Macht es wie die Sonnenuhr, zählt die heit'ren Stunden nur ...

Sprecher:

So wünschen wir auch weiter Glück
dem Silberpaar. Kein Missgeschick
soll seinen schönen Frieden stören.
Was meint der Sänger? Lasst uns hören.

Sänger:

Freut euch des Lebens, weil noch das Lämpchen glüht ...

Sprecher:

So wandert fort im hellen Sonnenlicht,
bis dass der goldne Hochzeitstag anbricht!

Sänger:

Wenn auch die Jahre enteilen, bleibt die Erinnerung doch ...!

Ein Kind oder ein Verwandter des Silberpaares sendet oder überreicht den Silberkranz und den Silberstrauß. Dazu wird geschrieben oder gesprochen; falls gesprochen, wird das Gedicht dem Paar anschließend überreicht. Wenn Sie es wie eine besonders wertvolle Urkunde gestaltet und zuvor in Schönschrift auf Pergament geschrieben haben und dieses gerollt mit einem breiten, farbigen Band zusammengehalten übergeben, wirkt es besonders festlich. Vielleicht findet sich ja irgendwo noch ein Fläschchen Siegellack, um dem Dokument eine besondere Würde zu verleihen.

Geliebtes Silberpaar!
Ehrlich – kaum begreifen kann ich 's,
dass jetzt voll die fünfundzwanzig
wunderschönen Ehejahre.
Dass der Himmel euch bewahre
weiterhin vor Not und Sorgen,
so wie gestern, heut und morgen,
übermorgen, immerdar,
wünsche ich dem Jubelpaar.
Liebe Grüße euer…

Die Glückwunschzeitung

Auch eine *Glückwunschzeitung* macht den Beschenkten großen Spaß. Sie stellen sie am besten wie eine richtige Tageszeitung zusammen, also mit einem „politischen Leitartikel", dem Feuilleton, den Lokalnachrichten und so fort. Am besten gelingt so eine Zeitung, wenn sie im Kollektiv zusammengestellt wird, also mehrere Verwandte oder Freunde an ihr arbeiten, wobei jeder ein bestimmtes Ressort übernimmt. Jeder hat seinen persönlichen Stil; der eine verfügt über eine witzige Ader, der andere ist mehr fürs Sinnige, ein Dritter brilliert mit scharfgeschliffenem Esprit. Zu einem bleibenden Glückwunschgeschenk wird die Zeitung, wenn Sie sie drucken lassen, was freilich ein wenig kostspielig ist und sich nur empfiehlt, wenn der Kreis der potenziellen Empfänger und Leser so groß ist, dass eine nennenswerte Auflage zu Stande kommt.
Als Kompromiss zwischen der Handarbeit mit Schere und Kleber und dem professionellen Druck bietet sich wiederum der Computer an. Wer die entsprechende Hardware zur Verfügung hat, dem erlauben in der Regel schon die gängigen Textverarbeitungsprogramme

ein Erscheinungsbild, das dem „richtigen“ Zeitungsdruck ähnlich ist. Wem das nicht genügt, der kann in den Fachabteilungen der Warenhäuser oder in Fachgeschäften eine preiswerte Software finden, die den Anforderungen des Redaktionsteams gerecht wird.
Da sie ja mit jeder Zeile aufs ganz Persönliche des Silberpaares eingeht, können hier nur einige Anregungen gegeben werden.
Der politische Leitartikel wirkt am besten, wenn er so nüchtern abgefasst ist, wie man die Politik zu behandeln pflegt. Gerade dadurch wird er hintergründig und besonders komisch. Ganz persönliche Belange werden zur „hohen Politik“ erhoben.
Das Feuilleton gestalten Sie am besten unterhaltsam. In Form einer Romanfortsetzung werden amüsante Erlebnisse geschildert, die auf das Silberpaar bezogen sind. Ein Gedicht folgt und eine Theater- oder Filmkritik ist unverzichtbar!
Ist der Silberbräutigam ein Fußballfan, Kegelfreund, begeisterter Autofahrer oder Wassersportler, kommt dies in witziger Form im „Sportteil“ besonders betont zum Ausdruck.
Das „Lokale“ behandelt örtliche Ereignisse, die irgendwie mit dem Erleben des Silberpaares in Zusammenhang stehen.
Schließlich folgen die „Kleinen Anzeigen“. Da wird dem „ehrlichen Finder“ eine Belohnung versprochen für Rückgabe eines Schirms, den die Silberbraut jüngst stehen ließ. Da wird eine alte Strickjacke, von der sich der Silberbräutigam endlich trennen sollte, zum Verkauf angeboten …
Den beflissenen Amateurjournalisten, die sich zur „Redaktionskonferenz“ zusammensetzen, bevor sie ans Werk gehen, wird gewiss allerhand einfallen, was sie verwenden können.

Da Silber das Symbol dieses Tages ist, sollte es auch für die Gratulationsbriefe verwendet werden. Sehr edel wirkt dunkles Briefpapier, beschriftet mit einem Silberstift, den Sie im Schreibwarengeschäft bekommen. Eine Alternative sind aus Silberpapier oder -karton ausgeschnittene Buchstaben, die Sie auf gutes Papier kleben.

Silber, so war es schon immer,
gilt als ein edles Metall,
selbst in des Mondes Schimmer
glänzt es uns aus dem All.

Silber wob euch das Leben
wie eine Krone ins Haar.
Und diese Krone eben
glänzt einem glücklichen Paar.

Mit einem dreifachen „Hoch sollt ihr leben!“ beglückwünscht euch zum heutigen Tage euer …

Ein Kinderglückwunsch
Liebe „Jubel-Eheleute“!
Eure … bringt euch heute
viele gute Wünsche dar.
Ei, wie siehts in euerm Haus
doch so froh und festlich aus!
Fünfundzwanzig schöne Jahre
seid in Treue ihr vereint.
Dass für euch die Sonne scheint,
wie sie es bisher getan,
dass in eurem künft'gen Leben
es nur gute Stunden geben
möge – diesen Wunsch
nehmt von mir an.
Eure euch liebende …

Die goldene Hochzeit

Nur wenigen Eheleuten ist es vergönnt, fünfzig Jahre und länger vereint zu bleiben. Oft ist ihre Familie groß geworden durch Kinder, Kindeskinder, Schwiegerkinder und Urenkel. Und alle unternehmen besondere Anstrengungen, sich zu diesem besonderen Ehrentage etwas ganz Persönliches einfallen zu lassen. Der goldene Kranz und die goldene Fünfzig allein werden diesem Anlass nicht gerecht, wenn sie auch ebenso dazugehören wie die Myrte zur grünen Hochzeit.

Der goldene Brief und andere gute Wünsche

Die Besonderheit des folgenden feierlichen Glückwunsches liegt darin, dass die Anfangs- und Endbuchstaben einer jeden Zeile, in Goldbronze aus- oder mit Goldstift übermalt, sich deutlich vom übrigen Schriftbild abheben. Sie ergeben, von oben nach unten gelesen, den Kern unserer Gratulation: „Dem goldenen Hochzeitspaar".

Ihr lieben beiden!
Da heute gerundet sin**d**
eure goldenen fünfzig Jahr**e**
möchten wir euch gemeinsa**m**
gratulieren zu diesem bedeutsamen Ta**g**.
Ohne Sorgen und gesund lebt weiter s**o**,
liebend vereint in dem sichren Gefüh**l**,
dass ihr einander innig verbunden sei**d**.
Eine lange, mitunter beschwerliche Reis**e**
nach vielen Orten und in mancherlei Gegende**n** –
eine Wanderung durch helle und wolkige Tag**e**
nahmt guten Mutes ihr auf mitsamme**n**.
Heute nun lebet hoc**h**!
Ob in forte oder in pianissim**o**.
Chöre euch bringen ein Ständchen, oder ob einen Spruc**h**
zur Feier des Tages euch aufsagt einer der Lieben, die ans Her**z**
euch gewachsen sind, ob man Geschenk**e**
in reichem Maße euch bringet herbe**i** –
Taten und Worte sind allein euch beiden heut gewidme**t**.
Sah jemals zuvor euer Hau**s**
Pracht so viel und goldenen Pom**p**?
Aber das Allerschönste ist es j**a**:
Alle eure Lieben sind persönlich oder in Gedanken d**a**!
Reichtum des Herzens erwächst euch im Kreis eurer Kinde**r**.

Liebe „Goldhochzeiter“,
der heutige Tag ist dem Verweilen und dem Rückblick gewidmet. Wenigen Ehepaaren wird das Glück zuteil, einen so langen Weg gemeinsam zu gehen. Deshalb gratuliere ich euch herzlich und aufrichtig.

Ihr habt nun einen Gipfel des Daseins erreicht, der euch Aussicht gewährt auf den Weg, den ihr gemeinsam gegangen seid. Mag dieser Wanderweg auch manchmal steil, gewunden und beschwerlich gewesen sein – immer bot er schöne Rastpunkte zum Verweilen!
Aber so ein Gipfel lädt nicht nur zur Rückschau ein, sondern bietet auch Fernsicht auf jene Strecke, die vor euch liegt. Ihr habt viel seelische Reichtümer im Vergangenen gesammelt; ihr dürft euch darauf freuen, dass auch weiterhin eine gute Ernte auf euch wartet.
Ich wünsche euch Glück zuhauf für eure weitere gemeinsame Lebensreise!

Einige Flaschen Wein, mit der goldenen Fünfzig geschmückt, dazu ein Blumenstrauß, der durch ein Bad in Goldbronze haltbar gemacht wurde, werden von einem Enkel oder Urenkel überreicht oder geschickt. Dazu spricht oder schreibt das Kind:

Fünfzig Jahre, ein goldenes Fest,
goldene Hochzeit, goldener Wein.
Wenn sich so etwas feiern lässt,
will ich auch bei den Gästen sein.

Fünfzig Jahre, ein gutes Stück
Lebensweg gingt ihr zu zweit.
Für die Zukunft wünsche ich Glück,
dass ihr immer so gut euch seid.

Kinder,
Kinder

Die Geburt eines Kindes

Die Hochzeit liegt hinter unserem jungen Paar. Irgendwann wird aus der Zweisamkeit eine Dreisamkeit. Das erste Kind ist da. Abgesehen von Geschenken, die hier nur berücksichtigt werden, wenn es sich um eine liebevoll ausgedachte Zugabe zum schriftlichen Glückwunsch handelt, ist zum „freudigen Ereignis" eine Gratulation fällig.

Das erste Kind

Der erste Vorschlag: die *Flaschenpost*. Der Gratulant kauft ein Babyfläschchen mit Sauger. Den Glückwunsch dreht er zu einer dünnen Rolle zusammen, bindet ein passendes Band darum und schiebt ihn durch den Flaschenhals, den er mit dem Sauger verschließt.

Lieber neuer Erdenbürger, liebe Eltern!
Wo es was zu feiern gibt,
halten wir 's mit altem Brauch,
der seit eh und je beliebt.
Heutzutage ist er 's auch.
Hoch das Fläschchen, hoch das Glas!
Auf des Neugebornen Wohl
stößt man an mit edlem Nass.
Einerseits mit Alkohol,
andrerseits jedoch mit Milch,
die bekömmlich ist dem Knilch,
der da aus den Windeln lugt
und sich eine Welt beguckt,
die für ihn noch fremd und neu,
aber immer herrlich sei!

Mit den innigsten Wünschen
für Wohlergehen und Gedeihen
euer …

Ist der „erste Junge ein Mädchen“, muss die Botschaft in der Flaschenpost umgedichtet werden. Die ersten acht Zeilen bleiben unverändert. Dann aber geht es weiter:

… mit Milch jedoch andrerseits,
die der Kleinen voller Reiz
ganz gewiss bekömmlich ist,
wie sie aus den Windeln lugt,
sich die neue Welt beguckt,
die für sie noch fremd und neu –
aber immer herrlich sei!

Der *Windelstrauß* ist eine witzige Gratulationsidee. Kaufen Sie sechs Stoffwindeln und falten Sie sie zu Blütenblättern. Mit Draht wird die Windel zu einer Blüte zusammengefasst. Dann stecken Sie in jeden „Blütenkelch“ einen guten Wunsch, jeweils auf andersfarbigem Papier, das zu einer Rolle zusammengedreht wird. Dadurch wirkt der „Strauß“ bunt und lebendig. Weil der weiche Windelstoff keine Standfestigkeit hat wie etwa Papier, wird das Ganze in eine fest umschließende Papiermanschette gesteckt und so überreicht oder verschickt.

1. Blume
Endlich ist es angekommen,
lange wurde es erwartet,
hat sich sehr viel vorgenommen.
Jetzt wird kräftig durchgestartet.

Glück soll auf der Lebensbahn,
wo so viel noch zu entdecken,
und wo wir 's einbiegen sahn,
lauern hinter allen Ecken.

2. Blume
Dem Papa, dem hoch erfreuten,
der jetzt stolz erhobnen Hauptes
schreitet her vor allen Leuten,
gilt mein Wunsch. Gewiss, er glaubt es,
dass – getreu in Herz und Sinn –
ich so froh, wie er 's ist, bin!

3. Blume
Schläft das Kind, ist Mama wach,
und schläft die, dann will es, ach,
auf der Stelle was zu trinken
(Windel fängt auch an zu stinken);
Mama kann im Halbschlaf stillen,
gern ist sie dem Kind zu Willen.
Schiebt noch schnell 'ne Windel nach,
wird in tiefen Schlaf dann sinken.

4. Blume
Der Großmama, die selbst noch jung,
verleiht die neue Würde Schwung.
Sie sagts voll Stolz (und viele Mal):
Dies Kindchen ist aus gutem Stall!
Wenns schreit, dann laut – das Kind hat Mut;
kurz es ist prächtig, schön und gut.

5. Blume
Fast hätte ich 's vergessen ja –
da ist auch noch der Großpapa!
Der junge Spross, der da erblüht,
bewegt ihm mächtig das Gemüt.
Wenn er auch nicht viel Worte macht,
sieht man ihm an, wie 's Herz ihm lacht!

6. Blume
Du, liebes Kind, verstehst noch nicht,
was heut dein Onkel (Tante) zu dir spricht.
Du fühlst noch nicht in Herz und Sinn,
wie treu ich dir verbunden bin.
Doch in des Lebens Auf und Ab
merkst später du, wie lieb ich hab
dich, den Neffen (die Nichte) klein.
Ich will der (die) beste Onkel (Tante) sein!

Diese gereimten Wünsche lassen sich selbstverständlich auch anders verpacken. Oder man kann sie – jeden für sich – als Briefkarte an den jeweiligen Empfänger senden. Vor allen anderen gelten die Glückwünsche zur Geburt der Mutter und dem Vater. Ob scherzhaft gehalten oder feierlich, das bleibt der Wesensart des Gratulanten und der Glückwunschempfänger überlassen.

Zuwachs

Nun gelten die Gratulationen nicht immer dem ersten Kind. Oft gesellt sich der junge Erdenbürger zu schon vorhandenen Kindern. Dies sollte im Glückwunsch seinen Ausdruck finden.

Meine Lieben!
Mein Wunsch, der innigste und beste,
gilt euerm Kleinen, das im Neste
sich den Geschwistern zugesellt.
Ihr habt es euch beim Storch bestellt;
der gute Meister Adebar,
so fleißig, wie seit je er war,
trug euch auf seinen Flügeln zu
zum „Wir" ein neues kleines „Du".
Darüber freut sich mit euch
und gratuliert von Herzen …

Der ungereimte briefliche Glückwunsch

Ihr Lieben,
zur glücklichen Geburt eurer Tochter (des Sohnes) gratuliere ich herzlich. Ich teile eure Freude und Dankbarkeit aus vollem Herzen und wünsche dem Kinde das Allerbeste für seinen Lebensweg, auf dem es seine Eltern als treue Begleiter zur Seite hat. Möge stets das Gute und Schöne die Mühe und Sorge überbieten, die gewiss nicht ausbleibt. Ihr wisst es ja und habt in der Zeit vor der Geburt oft darüber nachgedacht, dass ein Kind eine große Aufgabe darstellt. Eine sehr schöne freilich, keineswegs eine unlösbare!

In Gedanken bin ich bei euch und dem Baby und stelle mir mit großer Freude vor, wie euer Glück sich durch den jungen Erdenbürger verdoppelt, wenn nicht verdreifacht hat! Alles Gute und Liebe für die ganze Familie!
Eure …

An die Großeltern
Liebe Großmama, lieber Großpapa,
jetzt seid ihr also um eine Stufe aufgerückt auf der Treppe der Generationen! Sehr viel Freude hat das Enkelkindchen euch gebracht. Und eine ganz neue Würde dazu! Ein altes Sprichwort lautet: „Kind ist Glück. Doppelt Glück ist Kindeskind!“ Ein wahres Wort, meine ich. Ihr werdet teilhaben an allen Freuden, die so ein kleines Wesen schenkt, während die Verantwortung der Erziehung nicht auf euren Schultern ruht, sondern auf denen der jungen Eltern. Ihr dürft es beschenken, verhätscheln und euch an seiner Liebe sonnen, die es euch mit der ganzen Zärtlichkeit seiner Jugend zuteil werden lässt. Euer Leben hat einen ganz neuen Sinn bekommen: Dazu gratulieren wir euch herzlich. Möge das Kleine euch und seinen Eltern zur Freude heranwachsen!
Eure …

Wenn in unserem näheren Lebensumfeld ein freudiges Ereignis zu verzeichnen ist, werden wir bestimmt die Gelegenheit nutzen wollen um den Eltern zu gratulieren. Oft hat sich eine Arbeitskollegin, mit der wir jahrelang eng zusammengearbeitet haben, in den Mutterschaftsurlaub verabschiedet und erst durch die Anzeige im Lokalblatt oder durch einen Aushang im Betrieb erfahren wir, wann das glückliche Ereignis nun eingetreten ist. Allzu förmlich muss man dabei nicht sein.

Liebe Frau Kühne,
mit freudiger Anteilnahme haben wir die Nachricht von der Geburt Ihrer Yvonne vernommen. Sie können sich vorstellen, dass sich vor dem schwarzen Brett, an dem Ihre Anzeige mit dem Foto der jungen Dame ausgehängt war, sofort bei Dienstbeginn eine Menschentraube gebildet hat, die sich nur langsam auflöste. Wir wünschen dem Kind Gesundheit, Wohlergehen und eine gute Zukunft; Ihnen und Ihrem Mann, dass Ihnen die Nächte nicht zu kurz werden mögen, und uns, dass Sie uns bald besuchen, damit wir das Kind persönlich in Augenschein nehmen können.

Herzliche Grüße!
Ihre Kolleginnen und Kollegen
vom Ingenieurbüro Dr. Oehme & Partner

Danksagungen

Den guten Wünschen folgen die Danksagungen. Einen ganz eigenen Ton müssen Sie treffen, wenn Sie als junge Eltern ihrem Baby die Dankesworte in den Mund legen, es also scheinbar selbst schreiben lassen und als Unterschrift einen Abdruck des Babyhändchens oder -füßchens. Das ist ganz einfach: Händchen oder Fußsohle wird mit rotem Fruchtsaft, der sich leicht wieder abwaschen lässt, bestrichen und aufs Schreibpapier gedrückt. Das Ganze vielleicht auf Pergament, gerollt und versiegelt wie eine wichtige Urkunde!
Hier ein paar Anregungen zum treffenden Schreibstil:

Liebe gute Tante,
es gefällt mir sehr gut auf dieser Welt. Ich habe so viele Glückwünsche erhalten, dass ich weiß, wie vollkommen

ich bin. Meine Mami gefällt mir gut. Und mein Papi ist ein netter Kumpel. Es wird schon gut gehen mit mir und den Eltern. Hauptsache, sie lernen meine Sprache verstehen. Ich schreie nämlich ganz anders, wenn ich Hunger habe, als wenn ich mich langweile oder nasse Windeln habe. Beim Langeweile-Geschrei kommt Mami mit dem Fläschchen angewetzt. Und wenn ich wirklich hungrig bin, schwenkt sie eine frische Windel. Aber weil ich ein kluges Kind bin, darf ich hoffen, dass meine Eltern gelehrig sind. Wegen der Erbmasse, weißt du, die ich ja von ihnen habe!

Hoffentlich lernen wir uns bald persönlich kennen, liebe Tante. Man kann gar nicht genug Verwandte haben, finde ich. Dein Geschenk ist sehr schön und nützlich. Gerade erst geboren – und ich bin schon Besitzer vieler guter Sachen.

Ein ganz liebes Küsschen von deinem …

Meine lieben Großeltern,

fein, dass es euch gibt! Ihr werdet staunen, wenn ihr mich besucht und seht, was für ein wohlgeratenes Baby ich bin. Zehn Fingerchen und zehn Zehchen habe ich. Mami hat sie gleich gezählt, als ich ihr zum ersten Mal in den Arm gelegt wurde. Also ob das so was Besonderes wäre! Na ja, alles Neue erweckt zuerst Staunen und Bewunderung. Das wird sich mit der Zeit geben. Was aber bleiben soll, ist die Liebe. Das wünsche ich mir. Nicht nur von meinen Eltern, sondern ebenso von den lieben Großeltern. Seid herzlich umarmt von eurem kleinen Schreihals, der noch gar keinen Namen hat, weil er (sie) erst getauft werden soll, wenn ihr ihn (sie) besucht.

Die heutigen technischen Möglichkeiten erlauben es, auch ein akustisches Dankeschön zu produzieren und zu versenden. Über einen Kassettenrekorder verfügt fast jedermann und wer ein Doppeldeck besitzt, kann relativ leicht seine Eigenproduktion auf preiswerte Demokassetten kopieren. Vater und Mutter sprechen darauf ihren Dank aus. Zwischendurch wird Babygeschrei und das erste Lallen eingeblendet. Dies kann, nebenbei bemerkt, der Beginn einer Sammlung bemerkenswerter O-Töne sein, die sich auch bei anderen Gelegenheiten, zum Beispiel Weihnachten, Ostern oder Kindergeburtstage, verwenden lassen.
Wer es dauerhafter und aufwändiger haben will, kann zusätzlich Musik einspielen, das klangliche Ergebnis mittels eines Mischpultes perfektionieren und am Ende eine CD brennen. Die Anschaffung der entsprechenden Technik empfiehlt sich freilich nicht allein wegen einer originellen Danksagung. Wer sie aber ohnehin zur Verfügung hat, kann sie dafür auch gut einsetzen.

Die Großeltern bedanken sich wie folgt:

> Ihr Guten,
> wir haben uns aufrichtig gefreut, dass ihr daran gedacht habt, auch uns einen Glückwunsch zur Geburt des Enkels zu senden. Wir sind genauso stolz, wie ihr dies in eurer Gratulation zum Ausdruck gebracht habt. Unser Leben ist auf einmal doppelt reich und kostbar geworden. Wir wünschen uns, dass noch ein langes Leben vor uns liege, damit wir das Enkelkind eine weite Strecke begleiten dürfen.
> Seid nochmals bedankt und herzlichst gegrüßt!
> Eure …

Die Taufe

Das Bilderkissen

Früher war es üblich Kissendecken zu besticken oder mit Immortellen oder Erika zu bekleben. Gegen die Verwendung von Blüten erheben nicht nur Allergiker Bedenken. Blüten sind zwar immer ein hübsches Glückwunschmotiv, aber man sollte den Taufeltern und dem Täufling den Ärger mit den abbröckelnden Resten ersparen. Viele Fotostudios bieten heute das Bedrucken von T-Shirts oder Platzdeckchen usw. an. Genauso gut kann auch eine Kissenplatte mit einem Motiv Ihrer Wahl bedruckt werden. Es kann ein Blumenstück sein oder eine aufs Kissenformat vergrößerte Glückwunschkarte. Das fertige Druckwerk ziehen Sie dann über ein Daunenkissen und legen den folgenden Glückwunsch bei.

Heut tritt euer Kindelein
in die heil'ge Kirche ein!
Gottes güt'ges Auge ruht
auf ihm. Er führ es gut
an der treuen Vaterhand
durch des Lebens buntes Land.
Er verleih den Eltern Kraft,
Immergrün und dauerhaft,
zu des Kindes Wohl und Frommen,
das man heute aufgenommen
in den Stand der Christenheit.
Und ich bringe zum Geleit
ihm dies Blütenkissen dar
als Symbol für manches Jahr!
Euer …

Genauso gut kann auch der Himmel der Babywiege zu einer zarten Blumenwiese gestaltet werden.

Der Erinnerungsbrief

Zwei Paten stehen den Eltern zur Seite,
Um Gottes Segen zu erbitten.
Rechtschaffen sei und bleibe dies Kind,
Ein treues Mitglied der Kirchengemeinde.
Reiche Gaben wolle der Himmel ihm schenken.
In guten und bösen Zeiten
Nehme Gott es in seine gütige Obhut.
Nie strauchle sein Fuß.
Es bereite den Eltern und Paten Freude,
Rat und Tat finde es immer bei ihnen.
Und dankbar erweise es sich
Nicht nur ihnen, sondern auch
Gott, der Eltern und Paten ihm gab.
All seine Wege führen zum Herrn!
Neues bringe ihm jeder Tag,
Denn im Neuen liegt Fortschritt.
Eines langen Lebens Reise,
Nächte und Tage, Monde und Jahre umspannend,
Trete unverzagt und froh es an!
Aus Erfahrungen lerne es wie aus dem Vorbild.
Ungeachtet aller Anfechtungen
Fasse es Fuß und wandere sicheren Schrittes.
Tausend gute Wünsche geleiten es
Am Tage der Taufe und immerdar.
Gott sei es empfohlen!
(Unterschrift)

Dieser Glückwunschbrief stellt gleichsam ein Vademekum fürs ganze Leben des Kindes dar. Schreiben Sie ihn am besten auf dauerhaftes Papier und – darin liegt das ganz Besondere – die Anfangsbuchstaben einer jeden Zeile werden sorgfältig ausgemalt und so hervorgehoben. Sie ergeben nämlich, hintereinander gelesen: „Zur Erinnerung an den Tauftag". Die gleiche Wirkung lässt sich auch erzielen, wenn man die Zeilenanfänge so wählt, dass sie den Vornamen des Kindes ergeben. Hierfür ein Beispiel zur Anregung:

Mit inniger Freude sind meine Gedanken
Am Tage der Taufe bei euch.
Reiche Gaben verschenke Gott
In seiner großen Güte
An euer geliebtes Kind!
(Unterschrift)

Es ergibt sich: Maria

Eine andere Alternative: Erkundigen Sie sich nach dem Taufspruch des Kindes und machen Sie diesen dann zum Motto Ihres Glückwunsches. Lautet er beispielsweise: „Sehet, welch eine Liebe hat uns der Vater erzeiget, dass wir Gottes Kinder sollen heißen …", würden wir folgenden Brief vorschlagen:

Liebe Eltern, lieber Täufling und liebe Taufpaten,
der Spruch, der für das Kind ausgewählt wurde, spricht für sich. In die Liebe Gottes geht der kleine Erdenbürger heute ein. Zwar stand er schon vom ersten Augenblick seines Werdens an unter dem Schutz des Herrn, aber diese ihn umsorgende Liebe wird heute vorm Altar beeidet und bekräftigt. Gottes Liebe ist allumfassend. Sie könnten gar keinen schöne-

ren und klareren Ausdruck finden als den der „Gotteskinderschaft". Möge das Kind sich immer dessen bewusst sein, dass Gott sein Vater ist. Möge es in Ehrfurcht, Liebe und Dankbarkeit zu ihm aufblicken, dann bleibt es sein Leben lang in guter Hut! Ich beglückwünsche euch zum heutigen Tage sowie zur schönen und glücklichen Wahl des Spruches, der ein echtes Leitmotiv darstellt. Nehmt meine Grüße, verbunden mit den allerbesten Glückwünschen entgegen von eurer…

Auch nahe stehende Bekannte, Freunde, Arbeitskollegen, Vereinskameraden, Geschäftsinhaber – kurz, Menschen, mit denen wir regelmäßig soziale Kontakte pflegen, freuen sich über einen Glückwunsch. Gerade ein Glückwunsch, mit dem der Empfänger vielleicht gar nicht gerechnet hat, weil der Gratulant weder zur Familie, noch zum engeren Freundeskreis oder zu den Geschäftspartnern zählt – zwischen diesen ist der Austausch von Glückwünschen ja gewissermaßen zum formalisierten Brauch geworden – berührt unter Umständen besonders. Wie das kommt? Was würden Sie selbst angesichts eines unerwarteten Glückwunsches empfinden? Dass „fremde" Menschen Veränderungen in Ihrem Leben registrieren. Dass Sie beliebt und angesehen sind. Das Gefühl, dass andere an Ihrem Leben Anteil nehmen. Und schon mit wenigen Zeilen lassen sich diese positiven Emotionen wecken.

So freut sich zum Beispiel der Optiker über eine kleine Gratulation zur Taufe seines zweiten Kindes:

Liebe Frau Berghöfer, lieber Herr Berghöfer,
zur Taufe Ihres Töchterchens übermitteln wir Ihnen unsere aufrichtigsten Glückwünsche. Was sagt denn der „große Bruder" zu seiner kleinen Schwester, die zur Taufe so schmuck herausgeputzt wird?

Gewiss freuen sich mit Ihnen nicht nur die Verwandten, sondern auch alle Ihre Kunden, dass Sie nun „ein Pärchen" haben. Eine Brille hat schließlich auch zwei Gläser, also ist die Welt – optisch gesehen – jetzt in bester Ordnung.
Alles Gute für den Täufling und Ihre Familie
Ihre Ingrid und Alfred Säuberlich

In die Schule

Glückwunsch für Abc-Schützen

Der Bilderbogen
Aus eigenen Zeichnungen, Zeitungsausschnitten, Katalogbildern und Fotos wird ein *Bilderbogen* in Form eines Comics oder einer Collage angefertigt. Besonders reizvoll ist es, wenn man über Fotos verfügen kann, auf welchen die Eltern oder Großeltern in der Schulzeit abgebildet sind. Wenn sich die Besitzer dieser Fotos nicht von den Originalen trennen wollen, kann man das Foto vom Foto reproduzieren. Entscheidet man sich für eine *Bildergeschichte,* kann man etwa folgende Motive gestalten, die verschiedene Etappen des Schulbeginns eines Jungen oder eines Mädchens darstellen. Wer besonders geschickt ist, kann statt des Bilderbogens auch ein Bilderbuch zusammenstellen, das anschließend in einem Copy-Shop gebunden wird.

- Das Kind bekommt einen Schulranzen.
- Es freut sich über die neuen Kleider.
- Mit der großen Schultüte im Arm geht es an der Hand der Eltern aus dem Hause.
- Es sieht sich inmitten vieler Kinder.
- Die Lehrerin (der Lehrer) reicht ihm die Hand.

– Es nimmt seinen Platz im Klassenraum ein.
– Bücher, Hefte, die große Wandtafel mit Schwamm und Kreide, eine bunte Landkarte, neben- oder untereinander gesetzt, wecken des Kindes Sinn für das, was es erwartet.

Entscheidet man sich für eine *Collage,* kann man natürlich viel freier und assoziativer arbeiten und die einzelnen Schulmotive vielleicht als Suchaufgaben verstecken. Wer gleichzeitig Süßigkeiten oder Schreib- und Schulutensilien verschenken will, kann die Collage zu einem Materialbild erweitern. Kaugummis, Schokolade oder Bleistifte, Anspitzer, Radiergummis, Ölkreide o. Ä. sind leicht mit festem Zwirn und ein paar Stichen auf der Kartonunterlage zu befestigen. Ein farbig gestalteter Bilderbogen macht nicht nur zum Zeitpunkt der Einschulung große Freude. Erfahrungsgemäß greift ein Kind immer wieder danach und läßt sich von Vater oder Mutter erklären, was dies und jenes im Zusammenhang mit dem Einschulungstag zu bedeuten hatte. Kinder sind sehr stolz darauf, wenn sie schon eine eigene „Lebensgeschichte“ vorweisen können, etwas, das „früher“ war und dennoch schon mit ihnen zu tun hatte.

Das Mobile

Wir kennen alle diese zarten Gebilde, die sich in jedem Luftzug bewegen, als verfügten sie über ein wundersames Eigenleben. Den kleinen Schulanfänger können Sie mit einem solchen Mobile erfreuen, das an seine Lampe über dem Schreibpult aufgehängt werden kann. Schneiden Sie dazu aus dünner Folie die ersten Schulutensilien des Abc-Schützen aus: Schultasche, Bücher und andere. Dies befestigen Sie an verschieden langen Fäden; stechen Sie mit einer Stopfnadel ein Loch in die Folie, ziehen Sie den Faden durch und verknüpfen Sie ihn. Am Fadenende machen Sie eine Schlaufe, mit der die Einzelteile des Mobiles über einen Stab gezogen werden.

Zum Übergang auf die weiterführende Schule

Mein lieber (meine liebe) …,
jetzt hast du es also geschafft und bist in die höhere Schule (z.B. Gymnasium) aufgenommen! Darauf darfst du wirklich stolz sein. Deine neue Würde bringt aber auch Verpflichtungen mit sich. Bleibe dir selbst treu und habe dein Ziel immer ganz fest vor Augen. Es wird sehr viel Neues auf dich zukommen und sicherlich wird dir mitunter ein bisschen bange werden. Aber es ist ohne weiteres zu schaffen, da du ja über die notwendige Begabung und über den unerlässlichen Fleiß verfügst.
Mache also weiter, dir und deinen lieben Eltern zur Freude. Und genieße deine Jugend im Kreis der Freunde. Bleib so fröhlich und unbeschwert, wie du es immer warst. Das und noch viel mehr wünscht dir deine …

Konfirmation und Kommunion

Unsere jungen Konfirmanden und Kommunikanten begehen ihren großen Tag in Andacht und – erwartungsvoll. Mit großer Freude nehmen sie die zahlreichen Glückwünsche entgegen und freuen sich über Gaben, die keineswegs aufwändig sein müssen, sondern gleichsam eine materielle Umrahmung des schriftlichen Glückwunsches darstellen. Es lohnt sich also, sich zur Kommunion und Konfirmation etwas besonders Nettes einfallen zu lassen. Ein wenig festlich und besinnlich darf es sein, damit der Sinn des Tages nicht verfälscht wird, sondern klar zum Ausdruck kommt.

Das *Album* sei als erste Glückwunschgabe genannt. In einschlägigen Schreibwarengeschäften bekommen Sie Alben für Mädchen und Jungen in den unterschiedlichsten Ausstattungen und in verschiedenen Größen und Preisklassen.
Ihr Geschenk soll als Tagebuch genützt werden. Sehr persönlich und eine bleibende Erinnerung an den wichtigen Tag wird es, wenn Sie für jeden Monat – oder jede Woche – eines Jahres einen Bibelspruch aussuchen und diesen selbst in das Tagebuch eintragen. Rechnen Sie am besten für jeden Tag eine Seite und schreiben Sie die Bibelzitate jeweils auf jedes siebte oder dreißigste (achtundzwanzigste, einunddreißigste) Blatt. So hat der Konfirmand oder Kommunikant Leitmotive und Anregungen für ein ganzes Jahr. Ihren Glückwunsch schreiben Sie auf die Innenseite des Albums oder auf eine Karte, die Sie beilegen.

Poetischer Glückwunsch fürs Album

Heute hast du vorm Altar
dich zu Gott, dem Herrn bekannt.
Dass – nicht nur im nächsten Jahr –
sondern jetzt und immerdar
IHM dein Blick sei zugewandt,
dazu helfe dir dies Buch,
drin du findest manchen Spruch.
Immer, wenn du schreibst was rein,
will ein Spruch gelesen sein.
Doch begnüg dich damit nicht,
sondern mach es dir zur Pflicht,
zu bedenken, was Gott spricht!
Herzlichen Glückwunsch zum heutigen Tage
deine …

Besonders sinnig ist ein Gratulationsbrief, in dem die Worte des Konfirmationsspruchs stehen und mit andersfarbiger Tinte oder in Druckschrift hervorgehoben werden. Nehmen wir an, der Spruch sei 2. Makkabäer 7,Vers 28: „Siehe an Himmel und Erde und alles, was darinnen ist; dies hat Gott alles aus nichts gemacht und wir Menschen sind auch so gemacht.“ Der Brief könnte lauten:

> Liebes Kommunionkind!
> Liebe(r)…!
> *Siehe, an* diesem Tag hast du dem *Himmel* Treu gelobt; *und* stehst du auch mit beiden Beinen auf der *Erde und* genießt dankbar *alles, was* sie dir bietet, so begreifst du: auf ihr und *darinnen* ist überall Gottes Walten. *Dies alles,* was du genießt und was dir dient, *hat Gott aus nichts gemacht,* sagt die Schrift, allein dank seiner wunderbaren, unbegreiflichen Macht. *Und* was sind *wir Menschen,* fragst du dich. Dein Spruch gibt dir die Antwort: Wir *sind auch so gemacht.*
> Du hast heute deinen Bund mit Gott gemacht. Verneige dich in Ehrfurcht vor dem Herrn und halte fest an seinen Geboten. Dann wird es dir immer wohl ergehen auf Erden und du lebst glücklich in der Gewissheit, dass dir dereinst die Himmelspforte aufgetan wird. Herzlich beglückwünscht dich zu diesem Tage deine …

Gratulation für die Eltern eines Konfirmanden

> Meine Lieben,
> es ist mir ein Herzensbedürfnis euch zu sagen, wie sehr ich eure Freude darüber teile, dass euer Kind heute in die Gemeinde der Gläubigen aufgenommen worden ist. Dass es sich aus freiem Willen und mit Überzeugung zu

dem bekannt hat, was seine Paten einst bei der Taufe gelobten.
Wie hätte euer Kind heranwachsen können ohne eure Führung und ständige Sorge? Was ihr getan habt, ist heute nicht mehr überall selbstverständlich und auch aus diesem Grund unendlich viel! Deshalb sollt ihr mit einbezogen sein in die guten Wünsche für eures Kindes weiteres Wohlergehen, geborgen in Gott.
Ich umarme euch herzlich. Alle meine Gedanken sind bei euch und eurem Konfirmanden! Euer …

Konfirmanden bedanken sich

Liebe …,
zur Konfirmation (Kommunion) bekam ich viele Glückwünsche. Über euren habe ich mich ganz besonders gefreut, weil er so verständnisvoll auf die Bedeutung einging, die dieser Tag für mich gehabt hat. Dazu euer schönes und originelles Geschenk! Es bekommt nicht nur einen Ehrenplatz in meinem Zimmer, sondern ich werde auch fleißig Gebrauch davon machen. (Es folgt eine Beschreibung des Konfirmationstages.)
Jetzt muss ich aber schließen, denn es warten noch viele Freunde und Verwandte auf einen Brief von mir. Vati und Mutti lassen herzlich grüßen. Sie schließen sich meinem Dank an und werden demnächst selbst an euch schreiben.
Liebe Grüße …

Geburtstag
und
Namenstag

Der Geburtstag

Ein nüchtern denkender Lehrer, der alle Geburtstagsprivilegien – wie Befreiung von Hausaufgaben, Vorlesen statt Klassenarbeit schreiben und dergleichen mehr – „übersah", sagte zu uns Schülern Folgendes: „Wir leben in einer Stadt mit mehr als einer Million Einwohner. Nehmen wir eine runde Million an – wie viele Menschen haben dann zugleich an einem Tage Geburtstag?"
Die Aufgabe war nicht schwer zu lösen, aber ihr Ergebnis war bestürzend. Dennoch verlor der Geburtstag des Einzelnen dadurch keineswegs an Bedeutung. Geburtstage sind darum so etwas Besonderes, weil sie dem jeweils Betroffenen ganz allein gehören. „Heute ist mein Geburtstag!" Das ist ein Wort, an das sich entsprechende Erwartungen knüpfen. Vorausschauende Leute legen sich deswegen einen Geburtstagskalender an um niemanden zu vergessen, sondern alle ihre Lieben mit einem Glückwunsch zu überraschen.
Nun sollte man es sich gerade zum Geburtstag nicht allzu leicht machen mit der Gratulation. Wohlgemerkt – alle unsere Vorschläge sowohl in diesem Kapitel als auch in allen übrigen, betreffen nicht die Geschenke an sich, sondern geben dem Glückwunsch Kleinigkeiten oder Nützlichkeiten bei, deren materieller Wert so gering ist wie ihr ideeller Wert groß!

Kindergeburtstage

Für kleinere Kinder sammeln wir *Blechschachteln,* wie wir sie für Creme, Nähutensilien etc. benutzen. Sie sollen in Form und Umfang sehr verschieden sein. Sie können solche Blechschachteln in verschiedenen Größen und Formen aber ebenso im guten Schreibwarenhandel, großen Kaufhäusern oder in Bastelgeschäften kaufen. Umkleben Sie die Stelle, wo der Deckelrand aufliegt, mit Klebeband,

damit die Schachteln nicht aufgehen. Dann werden die Schachteln, jede in einem anderen Muster oder Farbton, mit Plastikfolie beklebt oder mit Emaillelack bepinselt. Auf jede kommt ein Druckbuchstabe, sodass die Schachteln, nebeneinander gelegt, Folgendes ergeben: „Herzliche Glückwünsche." Oder: „Alles Liebe zum Geburtstag." Oder: „Dem lieben Geburtstagskind."
Der kleine Empfänger hat damit nicht nur ein Spielzeug, mit dem er alles Mögliche bauen kann, sondern auch gleichzeitig Übungsmaterial zum Buchstabieren.
Kleinere Kinder, die mit Buchstaben noch nicht so gut umgehen können, freuen sich über *Geburtstagswürfel.* Drei würfelförmige Klötzchen (Sie finden solche Holzwürfel in Bastelgeschäften oder auch Baumärkten) – sie sollten etwa das doppelte Volumen normaler Spielwürfel haben – werden bemalt oder beklebt. Achten Sie bitte darauf, dass Sie zu diesem Zweck unbedingt ungiftige, nicht ab- oder auflösbare Farben und/oder Kleber benutzen! Da jeder Würfel sechs Flächen hat, gibt das achtzehn Bilder. Wir wählen als Glückssymbole alles, was ein Kind erfreut. Vielleicht einen bunten Ball, ein Püppchen, ein kleines Rennauto, Tierbilder oder Ähnliches. Die Zeichnungen oder Malereien müssen nicht kunstvoll sein, jedoch so klar und einfach in den Konturen wie möglich, damit das Kind sofort sieht, um was es sich handelt. Die fertigen Würfel legen Sie in einen großen Plastikbecher mit der Aufschrift „Herzliche Glückwünsche". Wenn das Kind nun würfelt, liegt einmal dies oben, ein andermal jenes. Es kann sogar zu einem Spiel werden, wenn Sie eine Liste dazu anfertigen:

Puppe = zwei Punkte
Ball = vier Punkte
Auto = ein Punkt und so fort

Die kleinen Spieler zählen dann jeweils die erreichte Punktzahl zusammen; wer als Erster fünfzig erreicht, hat gewonnen und bekommt einen Preis.

Größeren Kindern kann man mit dem Glückwunsch zugleich eine *Rätselaufgabe* stellen. Die Gratulation wird in einer Erzählung versteckt:

Familie Klitzeklein

Klitzeklein sind *gesund, heit*er und froh. Gestern, beim *Spiel, waren* sie ganz besonders lustig. „Du *baust eine* Burg", sagte Fritzchen Klitzeklein zu seinem Bruder Hansi. „*Schau, Kel*ler und Erdgeschoss sind schon fertig", sagte er bald voller Stolz. In der *Faust ball*te Fritzchen Klitzeklein Papier zusammen. Er *schleuder*te es in die Spielecke seiner Schwester Julchen. „Willst du eine Schlacht gegen meine *Puppenwagen*?", fragte Julchen Klitzeklein.

Sie können die Geschichte beliebig weiterspinnen und noch mehr Wörter einbauen. Bisher sind darin verborgen: Gesundheit, Spielwaren, Bausteine, Schaukel, Faustball, Schleuder und Puppenwagen.

Ein Glückwunschbrief fürs Kind

> Mein lieber kleiner …,
> wir freuen uns mit dir darüber, dass du heute Geburtstag (Namenstag) feierst und sicherlich schöne Geschenke erhalten hast. Hoffentlich macht auch unsere Gabe dir Freude. Wir haben uns Mühe gegeben um zu erraten, was du dir am meisten wünschst.
> Feiere schön zusammen mit deiner Familie und deinen Freunden und bleib im neuen Lebensjahr gesund und munter.
> Liebe Glückwünsche
> Deine …

Und ein kleines Gedicht
Sei gegrüßt, du kleiner Wicht.
Höre, was die Tante (der Onkel) spricht:
„Immer froh sei dein Gesicht;
tue fleißig deine Pflicht,
bleib gesund, krank werde nicht!
Wenn dein neues Lebensjahr
so gelingt, wie 's alte war,
dann gerät es, das ist klar,
rundherum ganz wunderbar.
Freu dich an der kleinen Gabe,
die ich beigelegt dir habe."
Dein ...

Geburtstagswünsche für Erwachsene

Wenn Sie ein wenig Geschick zum Basteln haben, nehmen Sie einen Stoffball, der für wenig Geld als Kleinkinderspielzeug zu kaufen ist, Stoffreste, so bunt wie möglich, Stecknadeln mit bunten Glasköpfen, eine leere, gut erhaltene Käseschachtel, eine Rolle Bast und farblosen Nagellack.

Die Stoffreste werden so zugeschnitten, dass sie wie lauter kleine Blüten aussehen. Sie werden von beiden Seiten mit farblosem Nagellack bestrichen und, nachdem sie trocken sind, dicht an dicht mit den Stecknadeln aufgespießt, die einfach in den Stoffball gesteckt werden. Die bunten Glasköpfe der Nadeln wirken wie Staubgefäße in den Blüten. Am Ende haben wir so den Ball in eine Blumenkugel verwandelt. Jetzt bemalen oder bekleben wir die Käseschachtel, in die wir als „Luftpost" unseren zur Rolle gedrehten Glückwunsch legen. Blütenball und Käseschachtel werden nun mit dem Bast so verbunden, dass das fertige Werk wie ein *Fesselballon* aussieht.

Dazu der Glückwunsch:

Liebes Geburtstagskind!
Dieses blum'ge Angebinde
ist für den Toilettentisch.
Ich vertrau es an dem Winde,
der – so hoff ich – bläst recht frisch,
um geschwind zu dir zu treiben
diesen runden Luftballon.
Was soll ich dir noch viel schreiben?
Weiß du doch im Voraus schon,
dass die besten Wünsche sind
bei dir, mein Geburtstagskind!
Herzlichst gratuliert dein …

Auf ein Spiel *Skatkarten* kleben Sie dem passionierten Spieler oder der Spielerin Ihre guten Wünsche, insgesamt also zweiunddreißig. Schneiden Sie schmale Papierstreifen aus und kleben Sie sie so auf, dass das Kartenbild nicht verdeckt wird, das Spiel also brauchbar bleibt. Die Wünsche stimmen Sie auf persönliche Vorlieben, Hobbys und Wünsche des Geburtstagskindes ab, zum Beispiel: neues Auto, gute Reise, treue Freunde, nie mehr Zahnweh, sechs Richtige im Lotto… So ein Kartenspiel bewahrt seine Attraktion wie ein Orakel.

Besondere Geburtstage

Ganz besondere Geburtstage sind solche, die ein neues Lebensjahrzehnt einleiten, also eine Null am Ende haben. Auch der achtzehnte, mit dem das Geburtstagskind volljährig wird, hebt sich von den übrigen ab.

Glückwünsche zum achtzehnten Geburtstag dürfen lustig und können auch ein bisschen nachdenklich sein:

> Meine liebe …,
> zur Volljährigkeit gratuliere ich dir zwar herzlich, aber doch mit gemischten Gefühlen. Ich habe nämlich im Gesetzbuch nachgelesen, was dir ab heute so alles blüht. Also – du bist voll geschäftsfähig, ehemündig, straffähig, testierfähig. Du kannst zum Vormund oder Pfleger bestellt werden und hast das aktive und passive Wahlrecht und darfst einen Führerschein besitzen. – Du siehst, es kommt da allerhand auf dich zu. Oder poetisch ausgedrückt: „Mit der Würde wächst die Bürde!"
> Geh dennoch so froh und unbeschwert weiter auf deiner Lebensbahn, wie du es bisher getan hast. Möge dir das Glück immer zur Seite sein; du weißt ja, Fortuna ist eine launische Dame und lässt sich auf die Dauer nur von dem festhalten, der sie an sich schmiedet. Sei also auch du deines Glückes Schmied, dann kann nichts schief gehen. Ferner wünsche ich dir all das, was du dir selbst vom neuen Lebensjahr versprichst. In Gedanken bin ich bei dir an deinem „großen Tage", meine liebe …, und umarme dich!
> deine treue …

Oder:

> Mein lieber Volljähriger!
>
> Ab heute löst sich die lange Leine,
> gleich heute bekommst du den Führerschein.
> Ab heute wirst du nun ganz alleine
> für Fug und Unfug verantwortlich sein.

Ab heute lässt du dir nichts mehr erzählen,
ab heute ist es auch dein Wort, das zählt.
Von heute an darfst du Politiker wählen;
nun pass bloß auf, dass man dich nicht wählt.

Wenn es „nullt“

Ein Kind gratuliert dem Vater (der Mutter) zum Dreißigsten. Es malt eine hübsche runde 30 in die linke obere Ecke seiner Glückwunschkarte und klebt einen „Blumenkranz“ darum. Das Kind nimmt verschiedenfarbige Bleistifte und einen scharfen Spitzer. Was da beim Anspitzen abfällt, ist dünnes Holz mit rotem oder grünem Rand, je nach Farbe des Bleistiftes. Jetzt muss nur das Abfallholz um die Zahl 30 herumgeklebt werden. In die Mitte werden mit Buntstift Staubgefäße gemalt, fertig ist der Blumenkranz!

Dazu schreibt das Kind in Schönschrift:

> Lieber Vater (Liebe Mutti),
> für deinen Geburtstag mit der Null habe ich mir etwas ausgedacht. Weil die Geburtstagsblumen immer so schnell verwelken, habe ich dir einen Strauß dauerhafter Blumen gebastelt. So dauerhaft wie diese Blumen sollen auch dein Glück und deine Gesundheit sein. Und die Fröhlichkeit in unserer Familie! Das wünsche ich dir und uns für die nächsten zehn, zwanzig, dreißig Jahre! Und immer so weiter, bis wir mit dir den Geburtstag mit den zwei Nullen feiern – deinen Hundertsten.
> Ich umarme und küsse dich! Dein(e) …

Früher war der dreißigste oder gar der vierzigste Geburtstag ein wahrer Trauertag für viele Frauen. Diese Zeiten sind glücklicherweise vorbei, was auch im Glückwunsch zum Ausdruck gebracht werden kann:

Meine liebe …!
Drcißig (vicrzig) Jahrc bist du jung.
Munter, frisch und voller Schwung.
Darum freuen uns mit dir
recht von ganzem Herzen wir,
deine stets getreuen Lieben.
Was wohl alles mag geschrieben
stehn auf dem neuen Lebensblatt?
Was Fortuna für dich hat
wohl in ihrem Füllhorn drin?
Glück, Gesundheit, frohen Sinn,
Jugend, die wie Rosen blüht,
und ein sonniges Gemüt!
Das und noch vieles mehr wünschen dir
deine …

Lieber „echter Fünfziger“!
Ein „ganzer Mann“ warst du immer. Heute nun, an deinem fünfzigsten Geburtstag, wirst du zum „Supermann“ ernannt. Ist das etwa nichts? Lohnt es sich dafür nicht das sechste Jahrzehnt zu beginnen? Ich denke: ja!
Ein Mann von fünfzig Jahren ist in einer beneidenswerten Position. Von ihm nimmt man an, er sei in Beruf und Leben erfahren, er wird ernst genommen, seine Meinung zählt, sein Wort bedeutet etwas, Jüngere fragen ihn um Rat, bewundern ihn. Genieße diese wunderbare Lebensstellung, so lange du

kannst. Irgendwann kommt nämlich der Punkt, wo man deine Erfahrungen für Schnee von gestern hält, dich auf die Schippe nimmt, deine Meinung ignoriert, dein Wort überhört und bei dem Rat, den du ungefragt gibst, gelangweilt die Augen verdreht. Wenn es so weit ist – ärgere dich nicht. Bis dahin aber, bleib gesund und guter Dinge. Feiere froh im Kreise deiner Lieben und lass dich feiern.
Herzliche Glückwünsche von deinem …

Der siebzigste Geburtstag wird im Kreise einer zahlreich gewordenen Familie begangen. Kinder und Kindeskinder kommen zusammen um das Geburtstagskind, das nun wahrhaftig kein „Kind" mehr ist, gebührend zu feiern. Der Jubilar, die Jubilarin, blickt zurück auf ein langes und arbeitsreiches Leben und erwartet mit Recht, dass dieser Geburtstag sich durch Besonderheiten von den vorangegangenen Ehrentagen abhebt.
Die Enkel haben sich etwas Witziges ausgedacht, das weder großen Aufwand noch langwierige Vorbereitungen erfordert. Ein Wandschirm, der bis zur Brusthöhe der hinter ihm Stehenden reicht, wird aufgestellt. Ist ein solcher nicht vorhanden, wird eine Decke gespannt. Die Enkel ziehen sich derbe Socken und Schuhe über Hände und Arme. Dem Zuschauer bleibt das verborgen, weil sie ihre Arme hinter dem Wandschirm verborgen halten. Nach einer bekannten oder selbst ausgedachten Melodie singen sie das *Kopfstehlied*. Der Refrain nach jeder Strophe lautet: „Kinder, das ist wunderschön, 's ist um auf dem Kopf zu stehn!" Immer, wenn der Refrain beginnt, gehen sie hinter Wandschirm in die Kniebeuge, strampeln und fuchteln mit den beschuhten und bestrumpften Armen. Der Zuschauer hat dadurch den Eindruck, sie stünden wirklich auf dem Kopf. Das sieht sehr komisch aus und alle Zuschauer werden begeistert sein.

Lieber, guter Großpapa!
(liebe, gute Großmama!)
Heute sind wir alle da,
um mit dir recht froh zu sein.
Stimmet alle mit uns ein:
„Kinder, das ist wunderschön,
's ist um auf dem Kopf zu stehn!"
Was im Leben du geschafft,
frisch und froh aus eigner Kraft,
das ist einfach wunderbar.
Und so bleibts noch manches Jahr.
„Kinder, das ist wunderschön,
's ist um auf dem Kopf zu stehn!"
Deine Liebe bleibt uns treu,
täglich spüren wir es neu.
Gott, der dir zur Seite stand,
hält dich fest an seiner Hand.
„Kinder, das ist wunderschön,
's ist um auf dem Kopf zu stehn!"

Wenn sich die jungen Gratulanten auf den 70. Geburtstag vorbereiten und ein „Kopfstehlied" dichten, fallen ihnen bestimmt Einzelheiten aus dem Leben des Jubilars ein, die sich zu Strophen verarbeiten lassen. Über Dinge, die sie nicht aus eigenem Erleben kennen, können sie ihre Eltern ausfragen oder im weiteren Familienkreis nachforschen. Richtig lustig wird eine solche Glückwunschaufführung erst, wenn damit auf zurückliegende Ereignisse angespielt wird, an die sich dann plötzlich alle wieder erinnern.

Oden, Briefe und Gedichte

Ein festliches, in gehobenen Ton abgefasstes Gedicht kommt zum siebzigsten oder achtzigsten Geburtstag bestimmt gut an. Ein Familienmitglied trägt diese Ode vor um sie danach dem Jubilar, in Schönschrift geschrieben und mit den Fotos aller nahen Verwandten umrahmt, zu überreichen.

> Liebes Geburtstagskind!
> Was schon seit eh und je du gewusst hast,
> heute sprechen wir 's aus, zur Feier des Tages:
> Lieb bist und teuer du uns,
> und es liegt uns nichts so am Herzen
> wie dein Glück und dein weiteres Wohlergehen.
> Mit ungebeugter Kraft sowie guten Mutes
> hast leichten Fußes du überschritten
> die Schwelle der Pforte, durch die du nun eintrittst
> in ein noch unbekanntes, doch unvermindert gutes Jahrzehnt.
> Unsere Wünsche, von liebenden Herzen gesandt,
> begleiten dich treulich und seien dir Stab und Stütze.
> Dankbar blicken wir auf zu dir, als zu unserem Vorbild.
> Bittend, dass ewig erhalten uns bleibe
> deine Liebe und Treue, die ihresgleichen nicht hat!
> Deine …

Ein Kind überreicht Blumen

Ich bin noch ein kleines Kind,
möchte gratuliern geschwind:
Diesen Strauß hab ich gepflückt;
hoffe, dass er dich beglückt.
Lange bleib er bunt und frisch
stehn auf dem Geburtstagstisch.

Ein Glückwunschbrief eines Freundes, der nicht persönlich zur Gratulation anwesend sein kann, könnte so aussehen:

Mein lieber …
Es ist so schade, dass ich an deinem Geburtstag nicht bei dir sein kann! Alles, was ich dir gern persönlich gesagt hätte, soll deshalb dieser Brief zum Ausdruck bringen. Ich bin so froh, dass es dich gibt! Bewahre mir deine Freundschaft und sei gewiss, dass die meine dich durch dein neues Lebensjahr begleiten wird und durch alle, die ihm folgen werden. Bleib gesund und guten Mutes. Möge sich all das erfüllen, was du dir vom neuen Lebensjahr erhoffst.
Herzlich grüßt und umarmt dich dein …

Geburtstagskinder bedanken sich

Meine Lieben,
ihr habt mich mit euren guten Wünschen so erfreut, dass ich euch mit der beiliegenden kleinen Gabe auch eine Freude bereiten möchte. Ihr wisst ja, dass für mich immer galt: „Nehmen ist schön, Geben ist besser." So ein neues Lebensjahr ist wie eine Stufe auf der Treppe des

Daseins. Da stehe ich nun und blicke zurück sowie vorwärts. Zurückblickend muss ich mir eingestehen, dass ich manches hätte besser machen sollen. Vorausblickend nehme ich mir das Versprechen ab noch dankbarer zu sein für eure Liebe, als dies bisher der Fall war.
Seid bedankt und herzlich gegrüßt von
eurer …

Liebe …,
noch ist das neue Lebensjahr ein unbeschriebenes Blatt im Buch meines Lebens. Viele Aufzeichnungen wird das Schicksal hineinschrieben. Manche wird von mir hinzugefügt werden. Dem Schicksal kann ich nicht die Hand führen, sondern muss hinnehmen, was es mir beschert, sei es Gutes oder Schlimmes. Aber was ich selbst tun kann – und tun will –, das weiß ich: Weiterhin für euch und mit euch leben und mich nach besten Kräften einsetzen für euer Wohl. Dann bin ich nicht nur an meinem Geburtstag reich beschenkt, sondern fürs ganze folgende Lebensjahr.
Herzliche Grüße euer …

Ihr Lieben!
was mir heut die Feder führt
und mich reimen lässt,
ist, ich war doch sehr gerührt
am Geburtstagsfest,
weil ihr meiner treu gedacht
und viel Freude mir gemacht.
Herzlichen Dank dafür!
Euer …

Der Namenstag

Für eine Gratulation zum Namenstag ist es natürlich nahe liegend, wenn die Gratulation auf diesen Namen anspielt. Für jemanden, der Peter heißt, sieht das dann so aus:

> Liebstes Namenstagskind!
> **P**ures Glück wünschen wir di**r**!
> **E**inen ganzen Sack voll guter Wünsch**e**
> **t**ragen wir. Ihn bringen wir dir mi**t**,
> **e**ine inhaltsschwere Bürd**e**!
> **R**eich an Freuden sei dein neues Lebensjahr. Sto**p**.

Dieser Wunsch wird auf ein Telegrammformular geschrieben. Die Anfangs- und Endbuchstaben, erstere von oben nach unten gelesen, letztere von unten nach oben ergeben jeweils *„Peter"*. Um sie augenfällig hervorzuheben, werden Sie hübsch ausgemalt.

Für ganz Gescheite, vielleicht für Gymnasiasten höherer Jahrgänge, ein *Glückwunschsilbenrätsel,* für dessen Lösung brieflich ein Preis in Aussicht gestellt wird. Es ist für den Namenstag gedacht. Die Anfangs- und Endbuchstaben, beide von oben nach unten gelesen, ergeben den Wortlaut der Gratulation.

> Liebe (Lieber) …
> deine Oma hat sich zu deinem Namenstag etwas ganz Besonderes einfallen lassen. Meinen Glückwunsch bekommst du heraus, wenn du dies Silbenrätsel löst und die Anfangs- und Endbuchstaben der gefundenen fünfunddreißig Wörter von oben nach unten liest. Wahrscheinlich musst du mal wieder in deinen Schulatlas schauen und in den Mitschriften nachsehen,

die du dir im Literaturunterricht gemacht hast. Für die richtige Auflösung gibt es eine Belohnung!

Die Silben

a – ak – an – au – auf – bahn – band – be – be – ber – bi – bu – burg – but – dar – dat – dau – dhi – e – e – e – ein – ein – em – er – es – eu – fre – ga – ga – gan – gar – ge – ge – gel – gen – grün – ha – i – im – is – ka – ka – korb – lam – land – las – lau – laub – le – lin – lys – ma – ma – main – med – mer – nai – ne – ne – neu – ni – ni – nis – no – no – ny – pe – phi – ra – ram – rei – ri – ro – sa – sand – se – seil – ses – ses – sol – stadt – te – te – te – ten – ter – ter – tog – tor – trat – treib – u – u – ur – us – zinn

Bedeutung der Wörter	*Auflösung für den Absender*
1. Titelgestalt aus einem Märchen von Andersen	Zinnsoldat
2. Weltorganisation für den Frieden	Uno
3. Hauptstadt von Tansania	Daressalam
4. Heidekraut	Erika
5. Inselstaat im Nordatlantik	Island
6. Hauptstadt von Kenia	Nairobi
7. kurzes Theaterstück	Einakter
8. afrikanischer Storchvogel	Marabu
9. Früchte der wilden Rose	Hagebutte
10. Teil des Buches	Einband
11. lateinischer Name für Odysseus	Ulysses
12. feiner Festtagskuchen	Torte
13. blau blühende Zierpflanze	Immergrün
14. Mundschenk des Zeus	Ganymed
15. Landschaftsform	Ebene
16. Gegenteil von Altstadt	Neustadt

17. Salz der Salpetersäure	Nitrat
18. nördlichster Staat der USA	Alaska
19. Insel im Bodensee	Mainau
20. Genehmigung	Erlaubnis
21. berühmte ägyptische Königin	Nofretete
22. Verkehrsmittel im Gebirge	Seilbahn
23. Daraus bestehen die Dünen	Treibsand
24. Fischfanggerät	Angel
25. indischer Politiker, ermordet 1948	Gandhi
26. kleiner Krebs	Garnele
27. altmodisches Gepäckstück	Reisekorb
28. wird in der Mathematikstunde aufgegeben	Aufgabe
29. Flusstal der Thur, im Kanton St. Gallen	Toggenburg
30. Ferienreisender	Urlauber
31. Stadt am Bodensee	Lindau
32. Tochter Agamemnons	Iphigenie
33. biblischer Ort	Emmaus
34. Name mehrerer ägyptischer Könige	Ramses
35. Muse des Gesanges	Euterpe

Nun die Anfangs- und Endbuchstaben von oben nach unten lesen. Es ergibt sich daraus: „Zu deinem heutigen Namenstag gratulier(e)t Oma dir und sendet tausend liebe Grüße!"

Saure Wochen, frohe Feste

Schulentlassung, bestandenes Abschlussexamen

Wieder hat der junge Mensch ein Ziel erreicht. Darüber freut er sich ebenso wie seine Familie.

Eine wieder verwendbare *Buchhülle* kann ein junger Mann oder ein junges Mädchen gut gebrauchen. Sie kann aus Stoff oder aus Leder sein und ist einfach zu basteln oder zu nähen. (Siehe Zeichnung.)

1. Aufgeklappte Buchhülle von innen
2. Aufgeklappte Buchhülle von außen

Ein rechteckiges Stück Leder oder Stoff wird in der Mitte gefaltet. Mit Klebstoff werden zwei breite Streifen eingeklebt (bei Stoff eingenäht), durch welche die Umschlagdeckel des Buches geschoben werden können. Außen auf die Hülle kleben Sie, bunt durcheinander, viele verschiedene Schulsymbole, die Sie aus Filz oder Leder geschnitten haben. Zum Beispiel: $a^2 + b^2 = c^2$, ein Heft, eine geometrische Figur, einen Füller oder Ähnliches. In die Buchhülle legen Sie den Glückwunsch ein.

Dieser lautet:

Dass du niemals das vergisst,
dem du jetzt entronnen bist,
später mal jedoch vermisst –
nutze fleißig diese Gabe,
die ich dir gebastelt habe.
Die Moral von dem Gedicht:
Vergiss die schöne Schulzeit nicht!
Herzlichst deine…

Briefe, die es in sich haben

Abiturienten dürfen Sie mit einem Brief überraschen, der mit lateinischen Zitaten gespickt ist, die sinngemäß in den deutschen Text eingebaut wurden. Die hier in Klammern beigefügte deutsche Übersetzung ist für den Absender bestimmt, der vielleicht nicht mehr ganz so sattelfest in Latein ist.

Lieber Mulus (Liebe Mula),
„Nullum est iam dictum, quod non sit dictum prius" (alles ist schon einmal gesagt worden). Trotzdem gestatte ich mir das Wort an dich zu richten. „Consuetudo quasi altera natura" (die Gewohnheit wird gleichsam zur zweiten Natur) trifft hoffentlich auf dich nicht zu! Andernfalls nämlich würdest du weiterhin zur Schule wandern, wie du das dreizehn Jahre hindurch getan hast. Das aber hast du nicht nötig, denn: „Sapienti sat"! (Für den Verständigen ist es genug.) Was jetzt auf dich zukommt, das Studium nämlich – nun: „Tute hoc intristi; tibi omne est exedendum!" (Was du dir selbst eingebrockt hast, musst du auslöffeln.) Aber die Suppe wird dir schmecken, ist sie doch sozusagen das Ziel deines Strebens. Da du abreisen

wirst zur Uni in …, werden deine Lieben dir wehmutsvoll nachrufen: „Abiit, excessit, evasit, zerupit.“ (Er ging fort, er verließ uns, er entschlüpfte, er entrann.) Bei allem Fleiß beherzige aber: „Lucundi acti labores.“ (Nach getaner Arbeit ruht sich ’s gut.) Damit sei es genug, denn: „Litterae non erubescunt.“ (Papier ist geduldig.) Ich will deine Geduld nicht noch härter auf die Probe stellen. So sei denn herzlichst beglückwünscht zum bestandenen Abitur von
deiner …

Gratulation zum beruflichen Start

Zum Eintritt in Berufsausbildung gratulieren Sie und fügen vielleicht die aus Pappe geschnittenen Symbole des zu erlernenden Berufes bei. Wo dies vielleicht nicht mehr so einfach ist wie bei traditionellen Berufen – die Schere stand für die Schneiderin und den Schneider, der Spaten für die Gärtnerin und den Gärtner – muss man sich mit Symbolen behelfen, die im weiteren Sinne Eigenarten des Berufsbildes assoziieren. Bei der Touristik-Kauffrau und dem Touristik-Kaufmann kann man mit Symbolen zum Thema Reisen arbeiten. Beim Mediengestalter und der Mediengestalterin oder beim Berufsbild des Video- und Filmeditors sollte man weniger daran denken, etwas aus Pappe auszuschneiden, als vielmehr im nächsten Computerladen nach Abfällen zu fragen: Mit etwas Fantasie lässt sich nämlich aus Kabelresten, ausgedienten Prozessoren, Steckern, CD-Rohlingen, Videobändern und Ähnlichem ein hypermodernes multimediales „Berufsbild“ komponieren, das für eine ganze Reihe zeitgemäßer Ausbildungsberufe stehen kann und an die medialen Erfahrungen von Schulabgängern anknüpft.

Mein lieber …
Wenn dir mal danach ist, gleich alles hinzuknallen,
bedenk, kein Meister ist vom Himmel je gefallen.
Vor den Erfolg, das ist ja gar nicht zu bestreiten,
ward von den Göttern – heut so wie in allen Zeiten –
der Schweiß gesetzt. Doch geh nur immer froh ans Werk,
dann kommst du, zwar verschwitzt, doch glücklich, übern Berg.

Alles Gute mit den besten Wünschen von…

Prüflinge bedanken sich

Ihr Lieben,
herzlichen Dank dafür, dass ihr in so besonders netter Weise an mich gedacht habt! Jetzt habe ich 's also geschafft und darüber bin ich natürlich sehr froh.
Wenn ich auch nicht, wie Schiller es ausdrückt, „ins Leben wild hinausstürme", so habe ich doch viele Pläne, bis zu deren Verwirklichung der Weg noch weit ist.
Das Arbeiten und Lernen hört also keineswegs auf, es wird nur anders. Ob ich mich dabei freier fühle als in meiner Schulzeit? Ich werde es sehen!
Immerhin – „Beruf" kommt ja von „Berufung", und so habe ich mir mein Ziel nach meinen Neigungen gesetzt.
Auch meine Eltern danken für die guten Wünsche.
Ohne sie wäre ich heute nicht so weit, wie ich glücklicherweise bin.
Viele liebe Grüße!
Eure …

Oder –

Lieber ...,
Die letzte Klippe ist nun überwunden!
Und oftmals hab ich mich ganz schön geschunden
in meiner Schulzeit endlos langen Stunden.
Ganz ehrlich will ich darum hier bekunden:
dass einen Abschluss endlich ich gefunden,
das heilte gleich mir alle alten Wunden!
In diesem Sinne grüßt dich ...

Vollendung der Ausbildung, Staatsexamen, Diplom, Promotion

Wieder ist der junge Mensch einen großen Schritt weiter. Seine Ausbildung ist abgeschlossen; er kann sich auf eigene Füße stellen. Darüber freut sich der ganze Verwandten- und Freundeskreis mit ihm und alle wollen gratulieren und Glück wünschen. „Diplomvolkswirt" klingt gut. „Meister" ebenso. Und die „Studienassessorin Dr. phil." hört es gern, wenn man sie mit „Frau Doktor" anspricht. Alle jene, die ihre Ausbildung beendet haben, besitzen eine kleinere oder größere Bibliothek oder sind dabei sich eine aufzubauen. Da wäre doch ein selbst entworfenes und selbst geschnittenes *Exlibris,* frei übersetzt: „aus der Bibliothek von ...", eine passende und nützliche Beigabe zum geschriebenen Glückwunsch! Nehmen Sie ein handliches Stück Linoleum und besorgen Sie sich Spezialmesser und Spezialfarbe dazu. Entwerfen Sie ganz nach eigenem Geschmack und dem des Empfängers auf Papier eine originelle und ansprechende Zeichnung. Legen Sie diese vor einen Spiegel und übertragen Sie mit dem Zeichenstift das Spiegelbild auf die Linolplatte. Jetzt wird mit dem Linolspachtel so gearbeitet, dass die Zeichnung sich plastisch hervorhebt. Farbe wird dünn und gleichmäßig aufgetragen und dann wird drauflosgestempelt! Im Handumdrehen sind etliche Exlibris fertig. Nun müssen Sie sie nur noch säuberlich ausschneiden.

Der Charme handwerklicher Gediegenheit ist zwar unbezwinglich, aber manchmal muss man auch die eigene Ungeschicklichkeit kaschieren oder man möchte gleich einen größeren Posten Exlibris herstellen. In diesem Fall bietet der Computer unschätzbare Vorteile. Preiswerte Programme zum Visitenkarten- und Etikettendruck gibt es in jedem Kaufhaus. Die Zeichenprogramme der gängigen Standardsoftware setzen der eigenen Kreativität kaum Grenzen. Der Hauptvorteil: Das selbst gestaltete Exlibris kann in beliebiger Anzahl direkt auf selbstklebende Etiketten gedruckt werden, was der Empfänger bestimmt zu schätzen weiß. Vielleicht schenken Sie ihm ja auch die Diskette mit dem Dokument. Wenn ihm Ihr Entwurf gefällt, kann er ihn später bei Bedarf nachdrucken.

Ein Kind hat einen drolligen *Orden* gebastelt und gratuliert

Allerliebste …!
Einen Orden hab aus Holz
ich bemalt und ausgeschnitten.
Dass du ihn – zum Spaß – mit Stolz
trägst, darum möcht ich dich bitten!
Ach, es ist zum Steinerweichen,
dass ein Ziel, wie du 's geschafft,
anders nicht ist zu erreichen
als mit Fleiß, viel Grips und Kraft.
Viele Hürden überspringen
muss ich, soll mir 's auch gelingen!

Ich beglückwünsche dich herzlich zu
deinem Erfolg!
Deine …

Zur bevorstehenden Prüfung schicken Sie den nachstehenden Brief, nachdem Sie den Briefbogen folgendermaßen präpariert haben: Färben Sie beide Daumen möglichst gleichmäßig aber nicht zu stark mit Fingerfarbe ein. Sollte keine Fingerfarbe zur Hand sein, tut's auch ein dezenter Lippenstift. Hinterlassen Sie dann die Fingerabdrücke beider Daumen auf dem Briefpapier.

Meine liebe …,
dies ist kein Blatt aus einer Verbrecherkartei. Was du siehst, sind die Abdrücke meiner beiden Daumen, die ich dir aus Anlass deines Prüfungstages ganz doll drücke.
Ich weiß, dass du alles drauf hast, was man von dir wissen will. Ich hoffe, dass dir alles zur richtigen Zeit wieder einfällt. Ich wünsche dir mindestens ein Summa cum laude (und mir, dass ich mir die Daumen nicht breche).
Lass von dir hören, wie es gelaufen ist. Und lass mich wissen, wann und wo wir deinen Abschluss feiern können!
Toi, toi, toi! Deine …

Nicht nur die höheren akademischen Weihen sind eine Gratulation wert. Auch der Weg zum traditionellen Meisterbrief kann lang und steinig sein. Der Sohn des Metzgers hat seinen Meister gemacht? Glückwunsch!

Herrn Horst E. Schäfer
Metzgermeister
Obere Steige 37
(PLZ) Passau

8. April ...

Lieber Herr Schäfer,
eigentlich müsste ich jetzt schreiben „verehrter Meister", nachdem Sie den Meisterbrief erworben haben. Ich weiß aber, dass Ihnen an diesen Förmlichkeiten nichts liegt.
Nichtsdestotrotz gratuliere ich Ihnen zu Ihrer neuen Würde auf das Herzlichste. Möge Sie Ihnen niemals Bürde sein. Ihr Fleiß, Ihr Können und die tadellose Qualität Ihrer Arbeit haben mit dem Titel „Meister" eine verdiente Würdigung erfahren.
Grüßen Sie bitte auch Ihre Eltern sehr herzlich von mir. Es ist auch für sie bestimmt eine große Freude, dass sie der künftigen Fortführung des Familienbetriebs gelassen entgegenstehen können.
Ihnen allen wünsche ich, dass Ihre Pläne und Hoffnungen in Erfüllung gehen.
Mit herzlichen Grüßen!
Erwin Janssen

Dank an alle

Während wir empfohlen haben Dankschreiben individuell zu variieren anstatt Serienbriefe zu versenden, sei hier eine Ausnahme von dieser Regel vorgeschlagen. Der Danksagende spricht auf eine *Tonbandkassette.* Falls er ein Instrument spielt, macht er hierzu eine kleine Einleitungs- und Schlussmusik. Hat er gute stimmliche Qualitäten, kann er seinen Dank auch singen. Wenn er kein Instrument spielt, hilft ihm unter Umständen der Computer weiter. Mit der entsprechenden Software kann man musikalische Phrasen wie aus einem Baukasten mit Fertigbauteilen zusammensetzen.
Das fertig produzierte Band wird dann auf dem Doppeldeck so oft wie erforderlich kopiert. Natürlich besteht auch die Möglichkeit eine CD pressen zu lassen, wenn man hohe professionelle Ansprüche hat oder eine sehr große Anzahl Danksagungen verschicken muss. Das will aber gründlich kalkuliert sein. Die CD muss knicksicher verpackt werden und für den Versand in dieser Verpackung wird dann auch mehr als das einfache Briefporto fällig. Wenn Sie sich aber dazu entschließen, sollten Sie auch die Hilfe und Beratung eines professionellen Tonstudios in Anspruch nehmen.

> Gesprochen: „Achtung, Achtung! Hier spricht …! Zum ebenso großen wie schweren Tag sind mir so viele liebe und gute Wünsche zugegangen, dass ich ganz gerührt bin. Wollt ihr nun wissen, wie 's war? Miterleben, wie man mich schmoren ließ im heißen Kochtopf des Examens? Dann hört mir gut zu.
> (Es folgt eine plastische und humorvolle Schilderung der Prüfungsvorgänge.) Nicht ganz ungerupft, aber doch mit einigermaßen heiler Haut bin ich am Ende davongekommen. Habt nochmals Dank dafür, dass ihr euch darüber mit mir gefreut habt. Euer …

Eine musikalische Danksagung bringen Sie auf Kassette (oder CD), indem Sie das folgende Gedicht auf die Melodie des bekannten Studentenliedes *Gaudeamus igitur* singen.

Hört, allein und nicht im Chor
sing ich meinen Dank euch vor.
Was ich selbst kaum fassen kann:
bin jetzt ein „gemachter Mann".
Ohne eurer Wünsche Kraft,
hätt ich 's nicht so gut geschafft.
Dafür danke ich euch wirklich sehr,
dadurch fiel mir alles halb so schwer.

Die Kassette* statt Papier
nehmt doch bitte an von mir.
Ans geneigte Ohr euch dringt,
was euch euer … singt.
Will euch gar nicht lange stören,
könnts im Autoradio hören.
Mit dem Dank, es wird euch sicher freun
lad ich euch zu meiner Fete ein.

(* alternativ: Diese Scheibe …)

Besonders professionell wirkt es, wenn der Sänger sich selbst am Klavier oder Keyboard begleitet oder sich von jemandem begleiten lässt. Wer über das nötige „Feeling" und die entsprechende Schnitttechnik verfügt, kann durch An- und Abmoderation eine „richtige" Rundfunksendung imitieren und bei dieser Gelegenheit die Einladung zur Party gleich mit aussprechen.

Gut überstandene Operation

Unters Messer des Chirurgen zu geraten, ist eigentlich niemals angenehm. Der Patient, der einen Eingriff glücklich hinter sich gebracht hat, darf mit Recht Glückwünsche erwarten, die möglichst heiter sein, also die Stimmung heben sollen!

Oft wird dem Patienten, der sich auf dem Weg der Besserung befindet, ein Buch zur Unterhaltung geschenkt:

> Damit dir (Ihnen) die Zeit nicht allzu lang werde, die Fesseln, mit denen man dich (Sie) ans Bett gebunden hat, nicht allzu sehr drücken und die Operationsfäden nicht gar so heftig ziepen, habe ich diese Lektüre für dich (Sie) ausgesucht, die dich (Sie) ein bisschen aufheitern und ablenken soll. Es hat mich sehr gefreut zu hören, dass der Eingriff so gut abgelaufen ist und du (Sie) auf dem Wege der Besserung große Fortschritte machst (machen). Auf ein baldiges gesundes Wiedersehen!
> Herzliche Grüße, …

Ein Rätsel zum Zeitvertreib

> Meine Genesungswünsche werden deutlich, wenn das folgende Silbenrätsel gelöst und seine Anfangsbuchstaben von oben nach unten, die Endbuchstaben aber von unten nach oben gelesen werden. (Ch = ein Buchstabe.)
>
> Aus den Silben
> a – ak – bo – bra – buch – cel – di – ein – er – es – furt – ga – ge – ka – lan – land – li – ma – mo – nau – ne – ne – neu – pe – pu – ran – re – ri – ro – sa – sang – se – si – si – ter – ter – ti – to – tor – tra – trap – ul – un

sind vierzehn Wörter folgender Bedeutung zu bilden:

1. treu ergebener Liebhaber
2. der letzte Tag im Monat
3. italienischer Physiker, der das Barometer erfand
4. thüringische Landeshauptstadt
5. dreitausend Kilometer langer Strom, der durch Indien fließt
6. kurzes Bühnenstück
7. Alarmgerät, auch heimtückische, todbringende Meerjungfrau
8. persischer Statthalter
9. Welthilfssprache
10. menschenähnlich gestalteter Automat
11. Oper von Lortzing
12. große Insel bei Australien
13. es stehen Noten und Liedertexte darin
14. Tochter des Phäakenkönigs, die Odysseus am Strand fand

Lösung: Galan, Ultimo, Torricelli, Erfurt, Brahmaputra, Einakter, Sirene, Satrap, Esperanto, Roboter, Undine, Neuseeland, Gesangbuch, Nausikaa. Das ergibt den Spruch:
„Gute Besserung nach der Operation."

Neue Wohnung – neues Haus

Die erste eigene Wohnung ist ein richtiggehendes Geschenk. Selbstverständlich bekunden wir unsere Mitfreude durch Gratulationen, denen vielleicht eine Gabe beigefügt ist.

Brot und Salz

Da wäre zunächst einmal das symbolische „Brot und Salz“, das schlicht sein darf, aber auch ein wenig aufwändiger. Im letzteren Fall empfehlen wir einen selbst gebackenen Kuchen oder eine Torte mit der Zuckergussschrift:

> Besser noch als Brot schmeckt Kuchen.
> Drum sollt meinen ihr versuchen!

Statt des Salzes können Sie einen ganzen *Gewürzständer* schenken, den Sie selbst machen können. Dafür benötigen Sie einige etwa gleich große und gleich oder auch verschieden geformte Gläser mit Schraubdeckeln. Sammeln Sie zum Beispiel Olivengläser für Zimt- oder Vanillestangen oder Peperonicini-Gläschen für Wacholderbeeren und Nelken. Kochen Sie Gläser und Deckel aus und überziehen Sie die Deckel mit einer passend gemusterten Plastikfolie. Eine Alternative finden Sie in Kaufhäusern und Glasfachgeschäften, die eine große Auswahl an schön geformten Gläsern bieten. Oft haben diese große Korken als dichten Verschluss, was sie für unsere Zwecke besonders geeignet macht. Übrigens können Sie solche Verschlusskorken auch einzeln kaufen und damit selbst gesammelte Gläser dekorativ verschließen.
Wahrscheinlich hat man aber nicht mit den gewöhnlichen, handelsüblichen Gewürzen Erfolg, sondern mit ausgefallenen exotischen

oder seltenen Pulvern und Kräutern. Der Gratulant kann also nicht nur seinen ganz persönlichen Curry mischen und verschenken, sondern auch aus einheimischen Gewürzkräutern spezielle Mischungen zusammenstellen, die dann auch fantasievolle Namen bekommen sollten – je nach Temperament und Neigung des Beschenkten vielleicht „Peters Bretterknaller“ oder „Petras Liebeskraut“. Wer über eine Laubsäge und das nötige Geschick verfügt, kann gleich noch ein Gestell dazu basteln!
Hilfreich ist es auch, wenn Freunde und Verwandte die Ein- oder Umzügler um eine Wunschliste bitten, in der all das aufgeführt ist, was für die neue Wohnung an kleinen Nützlichkeiten erwünscht wäre. Jeder trägt sich dann bei der Gabe ein, die er beigesteuert hat. Er darf auch ein paar Zeilen oder Verse dazuschreiben. Diese Liste wird dann mit den Geschenken zusammen zurückgereicht.

Unsere Vorschläge:

> Die Vase (den Topf, die Kanne oder Ähnliches),
> euerm (deinem) Wunsch gemäß,
> schenkt dir als nützliches Gefäß …
>
> Die Gabe für die neue Wohnung
> nehmt als bescheidene Belohnung
> für eure Freundschaft, gut und treu,
> die alt ist und doch ewig neu!
>
> Zum Einzug in Zimmer,
> Küche und Kammer,
> Bad und Balkon,
> gilt diese geringe Gabe als Glückwunsch und Gruß!

Die neuen Wände bedürfen der Zier.
Deshalb, meine Lieben, erlaube ich mir,
mit einem Bild euch zu beschenken,
dazu mit Glückwünschen euch zu bedenken.

Fürs Blumenfenster, dies Pflänzchen grün
möge gedeihen und kräftig blühn!

Ein Brief

Liebe Um- und Einzügler!
Zwar lautet ein Dichterwort: „Ein jeder Wechsel schreckt den Glücklichen"; wenn ich mich recht erinnere, stammt es von Schiller, aber auf den Umzug trifft das nicht zu. Ihr verbessert, verschönert und erweitert euch. Darüber freue ich mich mit euch und wünsche euch, dass Harmonie, Glück und Zufriedenheit immer eure „Untermieter" seien! Sagt mir, wann es euch passt – ich würde gern einmal mit einem guten Fläschchen vorbeikommen um mit euch persönlich auf das neue Heim anzustoßen. Euer …

Das neue Haus

Richtfest, Umzug und Einzug bedeuten für jeden wichtige Stationen im Leben. Dass die guten Wünsche auch mit einem Blumenstrauß unterstrichen werden, gehört zu freundschaftlichen Beziehungen einfach dazu.

Fröhlicher Vers zum Richtfest

Gott schütz das Haus stets vor Gefahr
und schütze seinen Herrn.
Es stehe sicher Jahr um Jahr
und halt die Sorgen fern.
Der grüne Kranz ist ein Symbol
für seines Bauherrn Glück,
das in dem Hause wohnen soll
in jedem Augenblick!

Glückwunschbrief an eine gute Bekannte

Liebe Frau Wieland,
nachdem ich von der Reise wieder zurück bin, will ich nicht versäumen, Sie zu dem neuen Haus noch einmal recht herzlich zu beglückwünschen. Ich freue mich, dass es Ihnen auf so harmonische Weise gelungen ist Wohnen und Arbeiten unter einem Dach zu vereinigen. Ich war von der Gediegenheit und der geschmackvollen Ausstattung außerordentlich beeindruckt und denke gern an die schönen Stunden der Einweihungsfeier zurück.
Was aber wäre ein schönes Haus ohne eine großherzige Gastgeberin? Ich bin sicher, dass Sie auch im neuen Haus jene Atmosphäre der Gastlichkeit schaffen werden, derentwegen man Sie auch in Ihren früheren, sehr viel beengteren Verhältnissen immer wieder gern besuchte. Nicht nur Ihre privaten Besucher, auch die Kunden, denen Sie Ihre Entwürfe präsentieren, werden von Ihrem neuen Domizil begeistert sein.
In dieser Überzeugung grüße ich Sie herzlich
Ihr Wolfgang E. Fischer

Und zum Schluss ein Dankeschön

Wie lange hab ich mich bemüht
um eine neue „Bleibe“.
Entspannt und froh ist mein Gemüt,
da ich dir dieses schreibe:

Fortuna hat, wenn auch recht spät,
mit dieser neuen Wohnung
am Glücksrad auch für mich gedreht
und gab mir als Belohnung

für meine Langmut und Geduld,
wenn sie mit Gaben kargte,
jetzt etwas ab von ihrer Huld
(und von dem Wohnungsmarkte).

Für deinen Glückwunsch dank ich dir,
dass dir die Ohren sausen.
Ich seh dich, hoff ich, bald bei mir
zum Gucken und zum Schmausen.

Der Führerschein

Er ist das wichtigste Dokument unseres Jahrhunderts. Ohne ihn fühlt der Mensch sich unvollkommen. Aber er will erobert sein. Vor den Erfolg haben die Götter den Schweiß gesetzt! „Jens hat's geschafft; Heike hat ihn endlich gemacht!" spricht es sich im Kreise der Familie und der Freunde herum. Man greift zum Stift und zerbricht sich den Kopf, wie man die Gratulation in eine besonders freundliche Form verpacken könnte.

Heike freut sich bestimmt über eine *„Ehrenurkunde"*, die „freie Fahrt" verheißt. Sie soll sich in Gestaltung und Format über ihrem Schreibtisch wirkungsvoll ausnehmen. Für Urkunden der verschiedensten Art finden sich Vorlagen in Musterbüchern oder auf diverser Software. Man kann eine Urkunde also ziemlich leicht am Computer entwerfen. Da man zu Hause aber gewöhnlich nur in A4-Format ausdruckt, kann man die Wirkung noch erhöhen, indem man den Ausdruck im Copy-Shop auf A3 vergrößert und vielleicht auf ein besonderes, hochwertig wirkendes Papier kopieren lässt.

Oder die *„Führerscheintorte“*, die zur ohnehin fälligen Feier eine lustige Zierde der Kaffeetafel ist. Eine köstliche Handarbeit, bei der die jeweilige Kuchenbäckerin die entsprechende Inschrift mit Zucker- oder Schokoladenguss aufspritzt. In die Mitte kommt der Name, rundherum wie eine Girlande das Wort „Führerschein“. Man kanns natürlich auch anders machen. Der Fantasie und dem gestalterischen Sinn sind hier keine Grenzen gesetzt.
Der Führerschein will begossen sein. Ein guter Topfen zur Feier des Tages ist also eine gute Idee. Unter Aussparung des Etikettes wird die Flasche mit Speziallack mit lauter Autos verschiedenster Typen bemalt, am besten kreuz und quer und bunt gemischt. Zum Schluss bekommt die Flasche eine abstreifbare Hülle, auf die in besonderer Schönschrift – oder auch in der Originalschrift des Spenders – ein Gedicht geschrieben wird:

Hebt die Gläser, lasst sie klingen,
stimmt jetzt alle mit mir ein,
um im Jubelchor zu singen:
„... hat den Führerschein!“
Schalten, kurven, links abbiegen,
Gas weg, Vor- und Rückwärtsgang –
er (sie) machts spielend, mit Vergnügen,
und sitzt stolz hinterm Volant.
Kennt sich aus im Schilderwald
wie in seiner eignen Brust.
Fährt, ich schwöre drauf, alsbald
durch die Lande voller Lust.
Prosit unserm künft'gen Flitzer,
dem ich wünsche recht viel Glück,
dass der Führerscheinbesitzer
heil kommt von der Fahrt zurück!

Lustig ist es, wenn „HERZLICHEN GLÜCKWUNSCH ZUM FÜHRERSCHEIN“ aus lauter Verkehrszeichen, zu Blockbuchstaben zusammengefügt, gebastelt wird.

Ein Dankeschön

Allen, die mir gratulierten,
teilnahmsvoll, mit frohem Sinn,
die mir recht vor Augen führten,
dass ich jetzt ein Fahrer bin,
danke ich. Die neue Würde
werde niemals mir zur Pein.
„Wer die Ehr hat, trägt die Bürde!“
Deshalb fädle ich mich ein
in den Autobahnverkehr
sacht, wie ’n Faden in das Öhr.
Werde – ’s ist mein fester Wille –
heute, morgen und in Jahren
immer ganz ohne Promille
und mit sehr viel Umsicht fahren!

Das erste Auto – der neue Wagen

Hierfür gibt es viele Möglichkeiten um Glück zu wünschen. Und gratuliert wird, denn es steht außer Frage, dass der glückliche Autobesitzer sich sehr freut.

Einen Katalog, Prospekt oder eine Autozeitschrift, worin gerade das Auto abgebildet ist, zu dem wir gratulieren möchten, können wir uns schnell besorgen. Der infrage kommende Wagen, d. h. seine Umrisse, werden auf ein geknifftes Stück Karton durchgepaust, sodass die Zeichnung am Kniff beginnt und an den Kanten endet. Dann schneiden wir die Zeichnung aus und haben so eine zweiteilige Gratulationskarte in Form des Wagens, in die Sie Ihren Glückwunsch hineinschreiben können.

Wer selbst nicht Autofahrer ist oder doch überwiegend mit dem Rad fährt oder zu Fuß geht, kann dies in seinem Glückwunsch auf lustige Weise zum Ausdruck bringen. Eine Gruppe von zwei oder drei Menschen – zu Fuß oder auf dem Rad – wird so gezeichnet (oder von einem Bild abgepaust), dass die Zeichnung mit dem Rand eines größeren Papierbogens abschließt. Dann wird der Bogen harmonikaartig gefaltet, jeweils in der Breite, die von der Zeichnung eingenommen wird. Schließlich wird die Gruppe ausgeschnitten. Wird das Ganze nun aufgefaltet, haben wir eine lange Kette von Fußgängern (respektive Radlern), die wir auf eine farblich kontrastierende Tafel kleben. Darüber setzen wir in auffälligen Buchstaben: „MIT VOLLGAS?“ und „FUSSGÄNGER (RADLER) SIND AUCH MENSCHEN!“
Darunter schreiben wir unseren Glückwunsch, in dem wir zum Ausdruck bringen, dass wir hoffen, dass der glückliche Autobesitzer Rücksicht auf die Nichtmotorisierten nehmen wird.

Rund ums Jahr

Zum Jahresanfang

Zum Jahreswechsel werden Hoffnungen für die Zukunft ausgesprochen, gute Vorsätze gefasst und schlechte Gewohnheiten symbolisch auf den Abfall geworfen. Für viele Menschen stellt der Kalenderwechsel eine jährlich wiederkehrende Möglichkeit dar ihrem Leben neue Wendungen zu geben. Ein guter Anlass zum Gratulieren also! Oft werden Neujahrs- und Weihnachtswünsche zusammen ausgesprochen. Das ist nicht verwunderlich, reicht der eigentliche „Weihnachtszyklus" doch über den Jahreswechsel hinaus bis zum Dreikönigsfest am 6. Januar. Jeder mag selbst entscheiden, ob er Weihnachts- und Neujahrsgrüße trennen, oder wenn er beides zu einem Glückwunsch vereinigt, dem einen oder dem anderen Anlass mehr Gewicht zumessen will.

Kalendergrüße

In Buch- und Papierhandlungen gibt es Kalender, über deren Monatseinteilung eine größere Fläche zum Selbstgestalten frei geblieben ist. Überlegen Sie sich zuerst, welche besonderen Vorlieben der Empfänger hat. Dem Kunstfreund kleben Sie gute Reproduktionen ein, wie man sie als Postkarten kaufen kann. Für Freundinnen und Freunde der Kochkunst setzen Sie in Schönschrift – eventuell noch mit appetitanregenden Bildern geschmückt – ausgefallene Rezepte ein. Für den Blumenliebhaber wählen Sie gekaufte oder selbst gemalte Bilder erlesener Blüten. Möglich wäre auch eine Fotoserie von einem bevorzugten Reiseziel des Empfängers oder selbst gefertigte, auf Karton aufgezogene kleine Seidenmalereien. Noch persönlicher wird ein solcher Kalender, wenn Sie variieren. Einige Monate erhalten selbst verfasste Gedichte, andere Rätsel, klassische Dichterworte oder Bibelsprüche. Hier für jeden Monat ein Gedicht.

Januar
Die Heizungsrohre hör ich knacken.
Bach, Fluss und See sind zugefroren.
Die Kälte malt mir rote Backen
und beißt sich fest in meinen Ohren.
In Filzpantoffeln und beim Punsch
sitzt urgemütlich alle Welt
vorm Fernsehschirm. Drum ist mein Wunsch:
„Machts euch so nett, wie 's euch gefällt!"

Februar
Die Tage werden wieder länger
zu Lichtmess um 'nen Hahnenschrei.
Der Rock- und Hosenbund wird enger
infolge fetter Esserei.
Setzt, bitte, dies nicht weiter fort.
Lebt mäßig und treibt Wintersport!

März
Schneeglöckchen blühen in den Vasen.
In Schaufenstern stehn Osterhasen.
Beim Hausputz plagt sich jeder sehr,
den letzten Schnee hälts auch nicht mehr.
Alles erneuert sich im Lenz.
drum macht ihm eure Reverenz!

April
Das Wetter ist sehr launisch heuer.
Die Eier sind nicht mehr so teuer,
weil jetzt die Legequote steigt.
Très chic die Damenwelt sich zeigt

im neuen Up-to-date-Kostüm.
Der Wind bläst rau und ungestüm,
treibt Hüte vor sich durch die Luft
und – ist erfüllt von Veilchenduft.

Mai
Die Rosse schlagen aus und auch die Bäume.
Die Blumen blühn, es blühen auch die Träume.
Der Spargel schießt, Gott Amor, der schießt auch.
Aus Wolken gießts und aus dem Gartenschlauch.
Den Mai besingen Kleine und auch Große.
Hans sucht die Liebste und die Badehose.
So wie 's am Rhein ist, ist ´s auch an der Elbe.
„Tun zwei das Gleiche, tun sie nicht dasselbe!"

Juni
Der Jäger rüstet sich zur Rehbockpirsch,
die Mücken haben guten Appetit.
Es wächst das Gras und das Geweih vom Hirsch.
Der Schulchor übt ein flottes Wanderlied.
Es will bei Nacht nicht mehr so richtig dunkeln,
mit Feuern grüßen wir den längsten Tag.
In Busch und Hain die Liebespärchen munkeln.
Die Sonne wendet sich und – geht bergab.

Juli
Der Monat ist vor allen hoch zu preisen;
wir gehen auf Einzel- und Gesellschaftsreisen.
Zuvor bringen wir noch Hund und Kind
zu Omas, die dafür geschaffen sind,
zu hüten unsre Kinder und den Köter.

Sie reisen sehr viel billiger – weil später.
Wir gehen völlig unter im Gewimmel
und über uns lacht südlich blauer Himmel.
In diesem Sinne denn: „Recht frohe Fahrt!
Wir haben drauf ein ganzes Jahr gespart!"

August
Es jodeln auf der Alm die Zenzi und der Seppl.
Die Gärtner ernten schon die ersten grünen Äpfel.
Der Wind streift milde noch die kahlen Stoppelfelder.
Das Jahr schnürt sich die Schuhe, wird nun schon sichtbar älter;
wir sehn ihm nach, indes die Wehmut uns ergreift,
wie alles jetzt erfüllt dem Herbst entgegenreift.

September
In Telegrafendrähten hängen bunte Drachen.
Weil sie total verheddert sind,
gelingts den Kindern nicht, sie wieder loszumachen.
Die Schuld daran trägt ganz allein der Wind.
Die Dahlien blühen schon und noch die Sonnenblumen.
Ein Ausflug führt zum Restaurant am See.
Zielstrebig stürzen sich auf süße Kuchenkrumen
die lieben Vögelein aus lichter Höh.
Und Mütter schimpfen, weil die Mädchen und die Knaben
die Strickjäckchen daheim gelassen haben.

Oktober
Die Winzer ernten ihre ersten schweren Reben,
bloß Trockenbeeren bleiben noch ein bisschen dran.
Manch froher Zecher tritt am Rhein schon mal daneben,
weil er die Richtung nicht mehr richtig halten kann.

Die Wintersachen werden wieder ausgeschüttelt
und wieder ist 's der Wind, der ziemlich heftig rüttelt
an kahlen Zweigen. Laub treibt hin auf Regenlachen.
Jetzt wird es langsam Zeit die Fenster dichtzumachen.

November
Jetzt wird man wieder öfter eingeladen
zum Essen und zum Plausch. Es treiben Schwaden
graunassen Nebels über Land und Stadt.
Wohl dem, der reichlich Öl im Tank jetzt hat!
Den fetten Gänsen nimmt man nun das Leben;
zum Martinstag soll 's sie als Braten geben.
Gruß von Kusine, Onkel, Tante, Vetter –
mit diesem Satz: „Was für ein schlechtes Wetter!“

Dezember
Vorm Rathaus steht 'ne hohe Silbertanne,
mit hellen Glühbirnen ist sie besteckt.
Die Kinder kriegen von dem Weihnachtsmanne
Lebkuchen und 'ne Rute zugesteckt.
Am Ende bricht herein das schöne Fest,
das uns aufs Neu alljährlich hoffen lässt
Auf Gaben. Sind 's die falschen? Sei es drum.
Wir tauschen nach dem Fest sie wieder um!

Statt solcher scherzhaften Verse dürfen auch lyrisch-besinnliche gesetzt werden. Gut sieht es aus, wenn jeweils der erste Buchstabe eines jeden Monatsverses als Initiale gestaltet wird und mit einem entsprechenden Symbol bunt ausgemalt wird. Also zum Januar etwa den Schneemann, zum Februar Faschingsmasken, zum März ein paar Krokusse, zum April einen Himmel „heiter bis wolkig“ usw.

Der Kalender für die ganzjährige Ernte

Dieser *Kalender* mit Freiflächen wird zum „Abernten" hergerichtet. Für den Briefmarkensammler kleben Sie auf die freie Fläche kleine Umschläge, in die Sie hübsche Marken schieben; für den Filmfan kommen in solche Umschläge Starfotos oder auch einige Gutscheine für Kinobesuche; für Trendsetter in Sachen Mode verstecken Sie kleinen, aber feinen Modeschmuck.

Dazu der Glückwunsch:

> Gott Chronos spannte junge Rosse ein.
> Den schnellen Wagen ziehen sie mit frischer Kraft.
> Das Jahr, das jetzt beginnt, soll besser sein,
> als es das alte war, nicht mangelhaft!
> Mit Vorsätzen gepflastert ist die Straße,
> die löblich sind und sehr beachtenswert.
> Sie bröckeln, hoffe ich, nicht in dem Maße,
> wie Chronos' Wagen immer weiterfährt.
> Schaut fröhlich vorwärts, meine Lieben,
> blickt öfter dankbar auch einmal zurück.
> Ich, die euch dieses Grußgedicht geschrieben,
> wünsche zum neuen Jahr euch sehr viel Glück!

Ein *Neujahrs-Puzzlespiel* ist ein Geschenk für die ganze Familie. Hierfür zeichnen Sie den Glückwunsch mit großen, klaren Blockbuchstaben auf das Blatt eines Blocks und malen Bilder von Glückssymbolen, beispielsweise Schwein, vierblättriger Klee, Fliegenpilz, Schornsteinfeger oder Hufeisen drumherum. Das fertige Bild wird durch gerade Striche in Rhomben, Dreiecke und Quadrate geteilt, die nicht zu klein sein sollen. Dann kleben Sie es auf Holz und schneiden die einzelnen Teile mit der Laubsäge aus. Fertig ist das

Puzzle! Möchten Sie es weniger aufwändig oder leichter (falls es weit verschickt werden soll), dann nehmen Sie statt Papier auf Holz einfach einen dicken, festen Karton (gibt es in vielen Farben). Hier ein kleiner Gruß dazu:

> Meine Lieben,
> mit den guten Wünschen, die ich euch zum Jahreswechsel aussprechen möchte, ist mir ein Missgeschick passiert. Seht selbst – es hat Bruch gegeben! Aber ich bin mir sicher, dass euch das Zusammenpuzzeln keine Schwierigkeiten machen wird.

Kartenorakel

Zu Silvester orakelt man gern, sei es durch Bleigießen oder anderen „Zauber“. Wir haben uns ein *Kartenorakel* ausgedacht, das wir dem Glückwunsch beigeben. Wir brauchen dazu zwei Kartenspiele zu je zweiunddreißig Blatt. Das eine bleibt, wie es ist; das andere wird Blatt für Blatt mit einer „Weissagung“, die wir auf einen schmalen Papierstreifen geschrieben haben, so beklebt, dass der Kartenwert deutlich erkennbar bleibt. Zum Beispiel: Kreuz-König = Liebe auf den ersten Blick; Herz-Sieben = ein unverhoffter Gewinn; Kreuz-Bube = Wiedersehen mit der Jugendliebe … Die unvorbereiteten Karten werden gemischt und an die Mitspieler ausgeteilt. Jeder legt seine Karten offen vor sich hin. Jetzt zieht der Spielleiter Karte für Karte mit Orakelsprüchen vom verdeckten Talon ab und ruft ihren Wert aus. Wer den entsprechenden vor sich liegen hat, meldet sich und liest vor, was ihm das „Schicksal“ fürs kommende Jahr zugedacht hat. Das ist ein Spaß für die ganze Gesellschaft, der beliebig oft wiederholt werden kann, weil die Karten bekanntlich immer wieder anders fallen.

Dazu schreiben wir:

> Liebe Freunde!
> Wer hätte nicht Lust, den Vorhang, der das kommende Jahr noch verhüllt, ein wenig zu lüften? Wer will nicht wissen, was es ihm bringt? Im Allgemeinen lässt Fortuna sich nicht in die Karten sehen. Aber zum Jahreswechsel ist sie großzügig und erlaubt, dass man ihr über die Schulter blickt. Dass sie euch nur Gutes und Schönes zugedacht habe, wünscht euch von Herzen euer …

Man kann sich die Zukunftsaspekte auch aus dem *Glückstopf* angeln. Eine alte Blechbüchse oder etwas Ähnliches wird lustig bemalt oder beklebt. Auf Pappstücke wird jeweils ein Orakel geschrieben. Durch jedes Pappstück wird ein eiserner Ring gezogen. Alle kommen nun in den „Glückstopf". Dazu wird ein „Angelhaken" gebastelt, an dessen Ende ein Magnet hängt. Jedes Familienmitglied darf – immer der Reihe nach – „angeln" bis der Topf leer ist.

Der dazugehörige Glückwunsch könnte wie folgt aussehen:

> Liebe ...!
> Angelsport ist ein Vergnügen,
> das die Nerven stählt und schont.
> Freilich muss man auch was kriegen,
> damit sich die Mühe lohnt.
> Schnell wirft aus den Köder man –
> und schon hängt ein Karpfen dran.
> Auch so 'n moosbewachsner Hecht
> wäre ganz gewiss nicht schlecht!
> Packt das flücht´ge Glück beim Schopf,
> taucht die Angel in den Topf,
> zieht an Land, was euch gefällt:
> Liebe, Glück, viel Ruhm und Geld.
> Fetten Fang und gute Beute für das Jahr ...
> wünscht euch ...

Glücksbringer

Fischschuppen, sagt man, lassen das Geld nicht ausgehen – vorausgesetzt, man hat einige davon im Portmonee. Ein Kind fügt seinem Silvesterwunsch ein Beutelchen voll Fischschuppen bei und schreibt:

> Meine lieben Großeltern!
> Für „Geld" gibt es viele Namen: Zaster, Mäuse, Kohlen, Piepen, Cash, Flöhe, Knete ... Geld muss also furchtbar wichtig sein. „Es macht nicht glücklich", sagt Vati, „aber es beruhigt!" Ich bin noch zu klein um das beurteilen zu können. Aber weil die Großen so viel hermachen vom Geld, wirds ja wohl stimmen. Und deshalb wünsche ich euch einen ganzen

Haufen davon fürs kommende Jahr. „Schuppen vom Karpfen", das hat Mutti gesagt, „lassen das Geld nicht ausgehen. Also habe ich welche für euch gesammelt. Legt sie in den Geldbeutel, dann kann gar nichts schief gehen. Gesundheit wünsche ich euch dazu. Und mir wünsche ich, dass ihr mich so lieb behaltet, wie ich euch lieb habe!
Viele Grüße und Küsse eure …

Glückwünsche auf Kassette

Glückwünsche auf Kassette, immer wieder einmal abgespielt, machen während des ganzen Jahres Freude. Die ganze Familie kann so Verwandten und lieben Freunden, die weit weg wohnen, auf ganz persönliche Art gratulieren. Jeder steuert dazu bei: Das erste Lallen des Babys (oder sein herzhaftes Gebrüll) wird ebenso festgehalten wie die ersten musikalischen Übungen des angehenden kleinen Klavier- oder Blockflötenspielers. Größere Kinder singen im Chor oder sprechen Verse. Die Eltern berichten über ihren beruflichen Alltag und informieren über Neuigkeiten von gemeinsamen Freunden. Zwischendurch eingeblendete Musik lockert das Ganze auf – und kann auch passend zum Anlass gewählt werden. Die Familie kann auch einen lustigen Sketch vorspielen. Jeder hat seine Rolle, die er vom Blatt sprechen darf, denn – man sieht's ja nicht, sondern hört es nur!

Was nun den Sketch betrifft, so holen Sie sich am besten Anregungen aus einem Buch, in dem Einakter und Sketche für Amateurschauspieler enthalten sind. In die Dialoge können Sie Passagen einbauen, die sich mit der privaten Sphäre dessen befassen, an den die Glückwunschkassette gerichtet wird.

Der Valentinstag

Man sagt dem 14. Februar nach, er sei eine Schöpfung geschäftstüchtiger Blumenhändler. Da aber jeder Festtag in irgendeiner Form dem Handel zugute kommt, macht der Valentinstag durchaus keine Ausnahme. Betrachten wir ihn also mit unkritischen Augen und freuen uns über seinen ganz besonderen Charme. Er ist der Tag der Liebenden. Nicht etwa nur der Verliebten! Eheleute dürfen einander ebenso mit einem Geschenk erfreuen wie Kinder ihre Eltern, der Freund die Freundin oder Verwandte ihre Angehörigen.
In erster Linie werden Blumen verschenkt. Aber auch andere Gaben kommen gut an, vor allem, wenn sie einfallsreich verpackt sind!

Hier ein „Blumengedicht“:

> Liebe heg an allen Tagen
> ich für dich!
> Lass es dir mit Blumen sagen,
> was für mich
> heute, morgen, immerdar
> kostbar bleibt.
> Liebe währet Jahr um Jahr!
> Der dies schreibt,
> hegt den Wunsch tief innerlich –
> liebe mich,
> wie ich dich!

Wer es klassisch liebt, kann Goethes Gedicht *Blumengruß* als poetische Widmung an den Strauß stecken:

Der Strauß, den ich gepflücket,
Grüße dich vieltausendmal!
Ich habe mich oft gebücket,
Ach, wohl eintausendmal;
Und ihn ans Herz gedrücket
Wie hunderttausendmal.

Ostern

Das Fest ist christlich, sein Name jedoch kommt von der heidnischen Frühlingsgöttin Ostara. Wie den Namen haben wir auch die Festsymbole Ei und Hase übernommen. Die Osterruten, mit denen man in manchen Gegenden scherzhaft aufeinander einschlägt, hatten den Sinn, die bösen Dämonen des Winters auszutreiben. Der Osterapfel, als Dauerware sorglich über die kalte Jahreszeit gebracht, sollte auf nüchternen Magen gegessen werden, weil er dann als gesundheitserhaltende Festspeise betrachtet wird. Osterwasser, vor Sonnenaufgang aus fließendem Quell geschöpft und getrunken, hat den gleichen Sinn und Zweck. Wir haben also, was Beigaben zum Glückwunsch angeht, eine große Auswahl!

Der Osterapfel

Der *Osterapfel,* mit einer Papiermanschette umgeben, in ein wattegepolstertes Kästchen gesetzt, wird mit folgendem Glückwunsch verschickt:

Liebe Großeltern!
Seine Apfelbäckchen sind hübsch rot und rund;
seine Haut ist zart und faltenlos.
Wer ihn aufisst, bleibt bestimmt gesund
für das ganze Jahr. Das ist famos!
Deshalb kann ich mir nichts Schönres denken,
als zum – wie ich hoffe – frohen Feste
euch ein Äpfelchen zu schenken.
Frohe Ostertage und das Allerbeste
wünscht euch eure Enkeltochter …

Den Osterapfel für die „Dame des Herzens" überreichen Sie mit klassischen Blankversen.

Der Schnee schmolz weg, es schwellen Strom und Bäche
und die Natur reckt ihre müden Glieder.
Die Welt erneuert sich mit jedem Tage;
wer in ihr lebt, verjüngt sich jetzt mit ihr.
Gesundheit, Jugendfrische, sagt man, bleiben
erhalten dem, der mit Genuss verspeist
den Osterapfel, nüchtern, früh am Morgen.
Weil ich dich liebe, wünsch ich dir und mir,
dass immer du so schön und jung mir bleibst.
Nimm meine Liebesgabe an und miss
sie nicht nach ihrem sehr geringen Wert;
was in ihr steckt, darauf allein kommts an.
Auch soll man alten Brauch nicht unterschätzen,
glaubt man an ihn, kann Berge er versetzen.

Osterzweige, blühende Forsythien oder zart beblätterte junge Äste, zum Strauß gebunden mit einer festlichen Schleife, sind eine hübsche Zugabe zum Glückwunsch. Dazu die Gratulation:

Ostern, ihr Lieben, ist endlich gekommen, es sprießen die ersten
Blüten und Blätter im Tale. Und die verschlafenen Wälder
färben kräftiger sich umschmeichelt von westlichen Winden.
Auch die Botschaft der Passion verkündet alljährlich
Frohes uns: In der Auferstehung des Herrn liegt auch unsre
Wiedergeburt. Wir sollen im Innehalten gedenken.
Darum wurde das Fest zum Feiertag, den wir nun fröhlich
mit unsren Lieben begehen. So grüße auch ich euch von Herzen.

Euer …

> Meine lieben …
> Mit solchem Rutenbündel, wie ich euch eines schicke, haben unsere heidnischen Vorfahren die Dämonen des Winters ausgetrieben. Solche „Prügelszene“ gibt es heute nicht mehr: aber ein festlicher Vasenschmuck wird euch bestimmt willkommen sein. Aber Vorsicht beim Auspacken! Zum Aufstocken eurer eigenen Sammlung habe ich ein paar Eier selbst angemalt und dazugelegt. Ich weiß ja, wie sehr ihr einen bunten Strauß auf eurem österlichen Frühstückstisch schätzt! Ein recht frohes, geruhsames Fest, mit hoffentlich blauem Himmel und Frühlingssonne wünscht euch von ganzem Herzen euer …

Aus *Eiern* lässt sich einiges zaubern. Dazu eine Idee: Kochen Sie so viele Eier hart, wie die Familie, die beschenkt werden soll, Köpfe zählt. Köpfe – da bietet sich, der Form der Eier entsprechend, direkt an sie in richtige Köpfe zu verwandeln. Viel Zeichentalent gehört nicht dazu. Vaters für ihn charakteristische Hornbrille, dem „Eierkopf“ aufgemalt, reicht schon um die gewünschte Ähnlichkeit zu erzielen. Mutters typische Frisur wird aus Wolle nachgebildet, die ihrer Haarfarbe entspricht, und aufgeklebt, ebenso die Frisur der Tochter. Um jeglichen Zweifel auszuschließen setzen Sie jedes Ei in einen Becher, auf den Sie den Namen des Empfängers schreiben oder malen. Den entsprechenden Glückwunsch legen Sie dazu und verschicken das Ganze fest und bruchsicher verpackt.

> Liebe Familie …,
> nehmt mir die „Eierköppe“ nicht krumm!
> Nicht Abbilder, sondern Brimborium
> sind sie. Symbole der Osterfeier.
> Kurzum – einfach hart gesottene Eier,
> zum Spaß wie Mutti und Tina frisiert
> und mit Vaters Hornbrille ausstaffiert.
> Sie sollen euch weder kränken noch schrecken,
> sondern zum frohen Fest euch schmecken!
> Herzliche Grüße euer …

Ein Mädchen hat den Eltern, der Tante oder den Großeltern Eierwärmer gehäkelt und schreibt dazu:

> Liebe …,
> immer und zu jeder Gelegenheit erfreut ihr mich mit schönen Geschenken. Da habe ich mir überlegt, dass auch ich euch einmal eine kleine Freude und Überraschung bereiten möchte.
> Nicht nur zu Ostern, sondern während des ganzen Jahres sollen diese Mützchen eure Frühstückseier warm halten.
> Ich wünsche euch ein recht frohes und gesegnetes Osterfest!
> Eure …

Papp-, Metall- oder Plastikeier, die innen hohl sind, eignen sich gut zum Hineinpacken von kleinen Aufmerksamkeiten. Eine breite Schleife wird ihnen umgebunden, in die der Glückwunsch geschoben werden kann – und schon haben Sie selbst gemachte, ganz individuelle Überraschungseier! Hier ein paar Ideen für mögliche Inhalte: kleine Rennautos, ein Paar Ohrringe oder eine kleine Lupe und ein Briefmarkensortiment für den Philatelisten; selbst gebastelter Holz- oder Glasperlenschmuck für ein junges Mädchen. Bei einigem Nachdenken wird uns für jedes Mitglied der Familie etwas einfallen, und seien es nur feine Pralinees, jedes für sich verpackt für Naschkatzen. Natürlich eignet sich diese Verpackung auch hervorragend für Geldgeschenke und Gutscheine!

Der passende Glückwunsch gehört dazu:

Liebe …,
was der Hase sonst nicht schafft,
leistet er zur Osterzeit.
Eier, fest und dauerhaft,
legt, als sei 's 'ne Kleinigkeit,
flugs er hinter sich ins Gras.
Weil die Dinger innen hohl
sind, tat er für jeden was
mit hinein. Was mag da wohl
für … drinnen sein?
Wer dem Rätsel auf die Spur
kommen will, schau nur hinein!
Frohe Ostern wünscht dir …

Besinnliche Ostergrüße

Wer an jemanden schreibt, der Ostern ohne Jux und Scherz liebt und allein das Kirchenfest feiert, wählt am besten einen besinnlichen Text:

> Meine Lieben!
> Der Zeitpunkt, zu dem Christus auferstand, ist uns nicht überliefert. Ein schöner Brauch ist es jedoch, dass man das Fest seiner Auferstehung im Frühling feiert, wenn die Natur sich aus den Fesseln des Winters befreit und zu neuem Leben erwacht. So ist die Botschaft der Passion für uns eine frohe Botschaft. Mit der Wiedergeburt der Natur erneuern und verjüngen auch wir uns. Und indem wir uns unserer wieder gewonnenen Lebenskraft versichern, suchen wir nach Symbolen dafür und finden sie in den ersten zartgrünen Zweigen, die uns – als Osterstrauß – von kommender Fülle und reicher Ernte künden.
> Ein besinnliches Osterfest wünscht euch …

Muttertag

Auf der ganzen Welt gibt es den Brauch den Müttern einen Sonntag im Mai zu widmen. Der Muttertag gehört zu den Festen des Jahres. Viele Mütter lieben es freilich gar nicht, wenn man sie mit einer Gefühlsseligkeit, die auf die Tränendrüse drückt, ehren möchte. Fröhlicher Dank ist ihnen lieber. Noch lieber ist ihnen aber sicher, wenn man das ganze Jahr über an sie denkt.

Nach dem Motto: „Heute wird Mutti verwöhnt", hat die Familie den Frühstückstisch gedeckt. Mit folgendem Gedicht, das die Kinder zusammen vortragen, wird Mutter geweckt:

Heute soll für unsre Mutter
mal ein rechter Sonntag sein.
Wir bereiteten drum das Futter,
drückten in die Frühstücksbutter
ein sehr hübsches Muster ein.

Lass zum Frühstückstisch dich führen,
der gedeckt ist schön und fein.
Sieh, schon öffnen sich die Türen,
brauchst den Kaffee bloß zu rühren
und das Brötchen tunken ein!

Deine Liebe, dein Güte
preisen wir mit Herz und Mund.
Greif hinein in diese Tüte.
Es erfreue dein Gemüte
eine Gabe, schwer wie 'n Pfund.

Und wir haben, lieb wie immer,
fleißig uns ins Zeug gelegt.
Wenn auch stöhnend, mit Gewimmer,
haben Diele doch und Zimmer
blitzeblank wir ausgefegt.

Das Scheckheft

Eine originelle und garantiert willkommene Gabe ist das *Scheckheft,* das Sie so gestalten könnten wie ein Serviceheft von Autos oder Werbeangebote von Versicherungen. Vorne drauf steht der Glückwunsch: „Herzliche Glückwünsche zum Muttertag." Die „Schecks" sind Gutscheine für lästige Alltagstätigkeiten, die nach Vorlage eines Scheins von den Kindern (oder vom Vater!) erledigt werden, zum Beispiel Schuhe putzen, Mülleimer leeren, Brötchen holen, Blumen gießen und so weiter.
Von einem solchen Scheckheft hat die Mutter nicht nur etwas an ihrem Ehrentag, sondern es reicht eine ganze Weile. Sie kann jeweils nach Bedarf einen Scheck herauslösen und ihn vorlegen.

Erwachsene Kinder gratulieren

Erwachsene Kinder gratulieren zumeist per Telefon und/oder brieflich. Wie Sie Ihren telefonischen Glückwunsch festlich und ganz persönlich gestalten können, dazu hier ein Vorschlag.
Das Telefon läutet vormittags bei der Großmutter. Sie nimmt ab und – hört Musik. Entweder haben ihre Lieben in der Ferne eine CD aufgelegt oder aber, sie selbst spielen Instrumente und musizieren gemeinsam. Nach dieser Einleitung werden von allen Familienmitgliedern nacheinander die Glückwünsche ausgesprochen.
So ein Gruß der ganzen Familie erfreut die Mutter – oder Großmutter – auch in Form einer Audio- oder Videokassette, zumal sie ihn dann immer wieder abhören kann. Er lässt sich auch in einem Brief unterbringen, der illustriert oder mit Fotos versehen werden kann.

Weihnachten

Weihnachten beschränkt sich nicht auf zwei Feiertage, sondern schließt sowohl den Heiligen Abend als auch die ganze Adventszeit ein. Während Bekannte erst zum Fest den konventionellen Glückwunsch schicken, beginnt das einander Gratulieren und Überraschen bereits vier Wochen vorher, soweit es sich um nahe Angehörige und gute Freunde handelt, um die es in diesem Kapitel geht.

Die *Adventsschnur* ist eine solche Überraschung. Nehmen wir an, sie sei für eine vierköpfige Familie und für den Hund oder die Katze – die es sicher übel nehmen, würde man sie vergessen! – bestimmt. Sie brauchen eine kräftige Kordel, kleine Schachteln und Beutel verschiedenster Formate, buntes Seidengarn, farbiges Geschenkpapier, so viele kleine Plastikklammern, wie wir „Päckchen", das heißt Beutel, packen wollen und natürlich die kleinen Geschenke! Jedes Familienmitglied bekommt eine eigene Farbe zugeteilt, in die die jeweilige Kleinigkeit verpackt wird. Nicht jeder braucht an jedem Vorweihnachtstag, mit dem ersten Adventssonntag beginnend, etwas an der Schnur zu finden. Einmal ist dieser dran, ein andermal jener, öfter mehrere zugleich oder sogar alle.
Jetzt geht es ans Packen. Berücksichtigen Sie dabei die individuellen Neigungen und Wünsche der Einzelnen und packen Sie nur Kleinigkeiten ein, die zwar das Warten auf Weihnachten leichter machen, aber die Bescherung nicht vorwegnehmen. Süßes, Praktisches, etwas, das dem jeweiligen Hobby entspricht, manchmal auch nur ein selbst ausgesuchter, beziehungsreicher Spruch, eine vergoldete Nuss … Es gibt so viele Möglichkeiten. Und der Hund bekommt Hundekuchen! Fertig? Dann werden die Schächtelchen mit Seidenschnur zusammengebunden und mit den Plastikklammern an der Leine befestigt. An einer längeren Seidenschnur in neutraler

Farbe befestigen Sie das Datum, zu dem das Päckchen gepflückt werden darf. Da die Datumsschilder länger aufgefädelt sind, sind sie deutlich erkennbar. Mit dem Kalender zusammen verschicken Sie ein kleines Gedicht:

> Vater, Mutter, Kinder und
> nicht zuletzt der liebe Hund!
> Dieses spannende Gebammel,
> Kunterbunt und lust'ges Sammel-
> surium, Motto: „Jedem was",
> macht euch, hoff ich, großen Spaß!
> Es verkürze euch die Zeit
> bis es endlich ist so weit,
> von Advent bis Heiligabend,
> euch erheiternd und erlabend.
> Merkt: damit kein Übergriff
> gar auf „fremdes Gut" geschieht,
> hat die Sache einen Pfiff,
> wie ein jeder deutlich sieht.
> Vater grün, rot seine Frau,
> … gelb und … blau.
> Dazu, fast vergaß ich 's, und
> violett für euren Hund!
> Herzliche Vorweihnachtsgrüße eure…

Adventskalender als Wandbehang

Der *Adventskalender als Wandbehang* ist ebenfalls sehr beliebt. Er ist aus Filz oder grober Leinwand, ihm werden viele kleine Taschen in den unterschiedlichen Farben aufgenäht. Man kann die Taschen auch erzeugen, indem man ein rechteckiges Stück Stoff von ca. 1,50 m Breite und 1 m Länge auf beiden Seiten vom Rand bis fast zur Mitte einschlägt, aber so, dass noch ein „Mittelgang" bleibt. Die eingeschlagenen Stoffseiten kann man mit der Nähmaschine recht einfach zu Taschen absteppen – auf jeder Seite 12 – der „Mittelgang" sollte wenigstens so breit sein, das man die Taschen bequem erreichen kann. In jede Tasche kommt ein kleines Geschenk. Ein Schildchen mit Datum wird jeweils mit einer Nadel dazugesteckt. Bei Überreichung kann das Gedicht von Seite 137 verwendet werden, nur der Anfang wird abgewandelt.

Vater, Mutter, Kinder – und
nicht zuletzt der liebe Hund!
In des Wandkalenders Taschen
findet jeder was zum Naschen
und zum Freuen. Für jeden was!
All das macht euch, hoff ich, Spaß. (...)

Die festliche Krippe

Eine *Weihnachtskrippe,* die als Brief verschickt werden kann, ist leicht zu basteln. Schneiden Sie drei gleich große Papprahmen, in die Sie als „Füllung" durchsichtiges buntes Papier kleben. Die Rahmen werden durch Klebestreifen oder Kordeln so miteinander verbunden, dass man sie zusammenklappen und wie einen kleinen Wandschirm aufstellen kann.

So einfach ist es: Löcher in Papprahmen stanzen, Kordel durchziehen, wie man dies auch bei Fotoalben macht. Kordel auf der Hinterseite der Faltkrippe verknüpfen. Oder – statt Kordel – die drei Teile auf der Hinterseite mit festen Pergamentstreifen so aneinander kleben, dass etwa je 1 cm Spielraum zum Zusammenfalten bleibt. Nach Vorlagen oder aus freier Hand zeichnen Sie mit hellem Stift auf schwarzem Papier die Krippe mit dem Jesuskind, Maria und Josef, einen Kometen, kniende Hirten und Tiere des Stalls. Die Figuren werden ausgeschnitten und auf rotes oder blaues Papier geklebt, sodass in der Mitte die Krippenszene mit Stern erscheint, zu beiden Seiten Hirten und Tiere. Aufgestellt und von der Innenseite mit einer Kerze erhellt, ergibt sich eine sehr schöne Wirkung. Dies Geschenk ist gleichsam als „Zweitkrippe“ gedacht, die man vors Fenster stellen kann, auf den festlichen Kaffeetisch oder aufs Bücherbord. Zu diesem Geschenk passt ein besinnliches Gedicht:

Zu Bethlehem im Stalle
gebettet ruht auf Stroh
das Jesuskind. Wir alle
sind drum von Herzen froh.
Jesaja hat verkündet,
was eingetroffen ist:
sein Weltreich hat gegründet
unser Herr Jesus Christ!
Geloben wolln aufs Neue
wir Lieb ihm allezeit,
Gehorsam sowie Treue.
Die ganze Christenheit
gewann durch Gottes Sohn,
sein Leben und sein Sterben,
den allerschönsten Lohn:
sie ward zu Himmelserben!

Mit den besten Wünschen für ein frohes und gesegnetes Weihnachtsfest grüßt euch, ihr Lieben, euer …

Kinder formen einen Engel aus Plastilin, bekleiden ihn mit Rauschgold und heften ihm Flügel an. Dazu schreiben Sie gemeinsam einen Brief, der durch die verschiedenen Handschriften besonders lebendig wirkt:
Unseren lieben Großeltern wünschen wir ein recht fröhliches und gesundes Weihnachtsfest! Weil wir nicht selbst bei euch sein können, schicken wir euch diesen Engel, der euch nicht nur Gottes Botschaft überbringen soll, sondern auch unsere ganze Liebe, mit der wir über die Feiertage an euch denken werden.
Herzliche Grüße und Küsse …, … und …!

Dankbriefe

Kinder schreiben:

> Meine lieben …!
> Ihr habt mich so lieb bedacht
> und mir 'ne große Freude gemacht.
> Hell brannten die Weihnachtskerzen
> über euren lieben Gaben,
> die mich sehr begeistert haben.
> Dafür dank ich euch von Herzen!
> Euer …

Es versteht sich, dass sich auch Erwachsene für die Geschenke und die Aufmerksamkeiten bedanken, die ihnen zuteil geworden sind. Vermeiden Sie dabei allgemeine, nichts sagende Formulierungen, die ihren Dank dem Verdacht aussetzen, ein Serienbrief zu sein. Gehen Sie auf die Geschenke im Einzelnen ein.
Früher war es üblich, auch dann Danksagungen zu verschicken, wenn man kein Geschenk, sondern nur eine Glückwunschkarte bekommen hatte. Vertreter der älteren Generation mögen darauf auch heute noch Wert legen; ihnen sollte man die Freude einer erneuten Aufmerksamkeit machen und einen Dankbrief mit einer kurzen Schilderung des fröhlichen Festes senden.
In der mittleren und jüngeren Generation ist der Glückwunsch abgegolten, wenn man selbst einen Glückwunsch versandt hat. Haben Sie einmal einen Verwandten und Freund übersehen, nutzen Sie am besten die Danksagung für eine Entschuldigung und die Übermittlung der besten Wünsche für das neue Jahr.

Lieber …,

Advent, Advent,
ein Lichtlein brennt,
erst eins, dann zwei,
dann drei, dann vier,
und wenn das fünfte Lichtlein brennt,
dann hast du Weihnachten verpennt.

Das kommt davon. In den Geschäften beginnt die Vorweihnachtszeit schon im September und während des Herbstes gewöhnt man sich an Lebkuchen, Engelchen, Pyramiden und Adventskalender so sehr, dass man vollkommen davon überrascht wird, dass es eines Tages tatsächlich Weihnachten ist.
Dein lieber Glückwunsch erinnerte mich gerade noch rechtzeitig, bevor ich das Fest verpasste, rechtzeitig für meine Familie und mich, zu spät um dir noch einen Glückwunsch zu senden. Nimm denn meinen Dank auf doppelte Weise, zum einen als Erwiderung deiner Zeilen, zum anderen als symbolischen Händedruck zum Beginn des neuen Jahres, für das ich dir Gesundheit, Glück und Erfolg wünsche!
Dein …

Kurze Glückwünsche für Mail & Co.

von Gabi Neumayer

E-Mail

Eine E-Mail ist die schnellste Möglichkeit, einen Glückwunsch schriftlich zu übermitteln. Nachteil: Der nackte Mail-Text kommt eher schmucklos daher. Da sollte entweder der Text für sich sprechen – oder Sie nutzen die Möglichkeit, eine Mail mit Anhang zu verschicken. Die Funktion „Datei einfügen/anhängen" ist in der Menüleiste des Mail-Fensters meist durch ein Button mit einer stilisierten Büroklammer gekennzeichnet. Damit können Sie an die „eigentliche" E-Mail – also die schlichte, schnelle Nachricht, die Sie in das Textfenster eingeben – komplette Dateien anhängen. Was für Dateien das sind, hängt ganz von ihnen ab. Es müssen durchaus nicht nur Textdateien sein. Auch Grafikdateien können angehängt werden, ebenso Audiodateien und sogar Dateien, die komplette Videosequenzen enthalten.

Grafikdateien

Die inhaltlichen Möglichkeiten einer Grafikdatei als Anhang sind vielfältig. Hier einige Tipps und Ideen dazu:

1. Scannen Sie ein Foto ein. Das kann ein Foto des oder der Gratulanten sein, aber auch ein Gipsbeins zu Genesungswünschen nach einen Unfall, ein Schloss zur Hauseinweihung oder ein Kinderfoto des Geburtstagskindes zum Geburtstag.
2. Scannen Sie eine Zeichnung ein. Eine Zeichnung der Enkelkinder zum Hochzeitstag der Großeltern kommt sicher ebenso gut an wie eine Karikatur zur bestandenen Prüfung.
3. Wer außer dem Glückwünsch noch etwas schenken will – egal ob das ein Bild, ein Fahrrad oder ein Urlaub ist –, kann den Dateianhang auch für ein Foto oder eine andere Abbildung des Geschenks oder mit Bezug zum Geschenk nutzen.

Originelle Glückwunschkarten

Für das Glück gibt es mancherlei Symbole: den Schornsteinfeger, das vierblättrige Kleeblatt oder den Fliegenpilz. Wer über einen Computer mit CD-ROM-Laufwerk verfügt, kann sich eine CD-ROM mit einer *Clipart-Bibliothek* besorgen und die eigenen Glückwünsche mit Symbolen, Zeichnungen u. Ä. garnieren.
Oft stellt schon die Clipart-Bibliothek, die in der Standard-Software enthalten ist, eine bestimmte Anzahl von Vorlagen zur Verfügung. Auch die Druckerhersteller legen bisweilen ihren Produkten Softwarepakete bei, mit deren Hilfe sich ganze Comics gestalten lassen. Wem die vorgefertigten Muster nicht gefallen, der kann mithilfe eines Grafikprogramms sowohl in den Vorlagen kreativ tätig werden als auch – wenn er sich dazu berufen fühlt – seine Glückwunschideen gänzlich frei gestalten.
Wer technisch versiert ist und sicher sein kann, dass auch die Empfänger der Gratulation entsprechend ausgestattet sind, kann sich originelle Glückwunschkarten auch direkt aus dem *Internet* laden und per *E-Mail* versenden. Viele dieser Angebote kann man individuell bearbeiten. Oft enthalten diese „Karten" auch noch Musik oder überraschende Animationen. Wie wäre es zum Beispiel mit einer Neujahrskarte, die beim Aufklappen ein elektronisches Silvesterfeuerwerk abbrennt (http://www.marlo.com/card.htm)? Oder

mit Glückwunschkarten mit echt amerikanischem Feeling (http://www.hallmark.com oder: americangreetings.com).
Wer vergilbte Kitschpostkarten aus Urgroßmutters Tagen taufrisch auf dem Bildschirm haben will, wird unter http://www.virtualpresents.com fündig.
Weitere E-Cards gibt's unter:
http://www.e-cards.com/catalog
http://www.firecard.de
http://www.grusskarte.de
http://www.cardcorner.net

Audio- und Videodateien

1. Singen Sie Ihr Geburtstagsständchen, spielen Sie ein Weihnachtslied auf dem Klavier oder sprechen Sie einen Glückwunsch mit passenden Hintergrundgeräuschen – so Sie die Möglichkeit haben, Ihr Tondokument als *.wav Datei abzuspeichern und so als musikalische Anhangdatei zu verschicken.
2. Wer Videos macht und schneidet, kann seiner Kreativität ebenfalls freien Lauf lassen. Ob Sie eine bekannte Szene mit neuen Stimmen unterlegen oder sich selbst filmen, während Sie einen Glückwunsch per Flaggenalphabet signalisieren – die Möglichkeiten sind unendlich.

Textdateien

Auch wer sich auf eine Textdatei oder sogar auf den einfachen Mailtext im Mailfenster beschränkt, muss nicht auf visuelle Effekte verzichten, sondern kann die Schriftzeichen, die auf der Tastatur zur Verfügung stehen, spielerisch nutzen.

1. Verwenden Sie *Emoticons.* Mit ihnen können Sie zahlreiche Stimmungen ausdrücken und Ihren Text mit „Untertönen“ aller Art ausstatten. Hier eine Auswahl der wichtigsten Emoticons (man „liest“ sie übrigens, indem man den Kopf nach links neigt).
   Die gängigsten Emoticons:

:-D	lachend
:-)	glücklich
:-))	sehr glücklich
:-)=)	breites Grinsen
:-o	Staunen, wie der Ausruf „Oh“
:-(	traurig
:-((	sehr traurig
:-x	Kuss
8-o	empört
<:-)	dumme Frage/Clown
:-/	gute Miene zum bösen Spiel
%-)	schielen
(:-(	nachdenklich, Stirnrunzeln
(:<)	Plappermaul
:-&	sprachlos oder ängstlich
:’-(	weinend, mit einem weinenden Auge
,-)	Lächeln mit Augenzwinkern
:-))	Doppelkinn
:-)))	sehr fröhlich oder witzig
>;.<	verärgert, ungehalten
:-II	wütend, sehr verärgert
:-@	brüllen oder extrem verärgert sein
:---)	eine lange Nase machen
:-#	bitte vertraulich behandeln
:@	häh, was?!
@-->-->--	Rose

2. Sie können auch in Ihre Glückwünsch-Mail ein Bild einfügen, das aus den üblichen Schriftzeichen zusammengesetzt ist. Zwei ganz einfache Beispiele:

```
  o oo o          + + + +
o    o    o      +    +    +
o         o      +         +
 o       o        +       +
  o     o           +   +
    o o               +   +
     o                  +
```

Experimentieren Sie einfach mit den verschiedenen Zeichen! Kombinieren Sie sie, arbeiten Sie anhand einer Vorlage, machen Sie sich die symbolische Bedeutung der Zeichen bewusst (ein Dollarzeichen suggeriert beispielsweise etwas völlig anderes als ein Fragezeichen). Mehr Beispiele für Abbildungen aus Buchstaben gibts im Internet unter http://www.for-teens.de

Links

Wer seine Mail besonders gestalten will, aber weder sich noch dem Empfänger umständliche Anhangdateien zumuten möchte, hat noch eine weitere Möglichkeit.
Das Internet bietet eine riesige Sammlung von Texten, Bildern, Tönen, Videos … Warum sich nicht einfach bedienen? Dazu müssen Sie die Daten nicht in Ihre Mail einbinden – ein Link zu einer speziellen Site tut es auch.
Suchen Sie sich im Netz eine Seite mit dem passenden Bild oder dem passenden Musikstück für Ihren persönlichen Glückwunsch und leiten Sie den Empfänger Ihrer Mail einfach durch einen Link auf diese Seite, indem Sie die Adresse der Seite zum Anklicken in Ihre Mail an geeigneter Stelle einbauen.

Damit Ihr Empfänger auch wirklich auf der richtigen Website landet, sollten Sie den Link kurz vorm Senden der Mail noch einmal überprüfen.

Darauf sollten Sie achten

Bei Dateien jeder Art im E-Mail-Anhang sollten Sie einiges berücksichtigen, damit Ihr Glückwunsch auch wirklich gut ankommt – in doppelter Hinsicht.
Vergewissern Sie sich, ob der Empfänger Ihrer Nachricht überhaupt die technischen Voraussetzungen dafür hat, Ihre Datei zu öffnen! Wer zum Ansehen einer Nachricht erst mühsam und langwierig nach einem womöglich teuren Programm zum Öffnen suchen und es dann herunterladen muss, wird kaum erfreut, sondern vielmehr verärgert reagieren ... Die Rechnerkapazität des Empfängers spielt ebenfalls eine große Rolle. Jede Datei, die keine (reine) Textdatei ist, braucht in der Regel viel Speicherplatz. Und wenn das Herunterladen der Mail mehrere Minuten dauert (oder noch länger), stehen die Chancen gut, dass der Empfänger sich zum einen ärgert und zum anderen Ihre Datei niemals sehen oder hören wird!
Textdatei ist nicht gleich Textdatei. Vom Umfang her können sie alle kaum Schwierigkeiten bereiten – aber die unterschiedlichen Textformate verursachen manchmal Probleme. Die aktuellen Textverarbeitungsprogramme können zwar meist konvertiert werden; wer mit WordPerfect arbeitet, kann also in der Regel auch Worddateien öffnen und umgekehrt. Aber darauf sollten Sie sich nicht verlassen, zumal beim Öffnen auch Schwierigkeiten mit Dateien desselben Typs, aber unterschiedlicher Version auftreten können.
Auf der sicheren Seite ist man mit RTF-Dateien *(rich text format)*. Sie sind mit jeder Textverarbeitung zu öffnen, außerdem können sie zahlreiche Formatierungen enthalten (fett, kursiv usw.).

Glückwünsche kurz gefasst

Ein Geburtstagsgruß per SMS, ein Glückwunsch zur Hochzeit per E-Mail – geht das überhaupt? Ja, es geht, sogar sehr gut. Oft bietet sich so ein kurzer Gruß weniger als Ersatz für eine Schmuckkarte oder einen liebevoll gebastelten Glückwunsch an, sondern vielmehr als zusätzliche Aufmerksamkeit.

Wer beispielsweise abends zu einer Geburtstagsparty eingeladen ist, möchte dem Geburtstagskind vielleicht schon vorher kurz gratulieren und schickt deshalb mittags schnell eine Mail, zum Beispiel so:

> Lieber Christian,
> 1000 Küsse für das Geburtstagskind! Ich freue mich schon auf heute Abend. Bis dann!
> Deine Hanne

Eine Mail kann auch der einzige „offizielle" Glückwunsch sein; je nach Empfänger, Alters- und Berufsgruppe ist diese Art des Gratulierens nicht nur akzeptabel, sondern sogar „angesagt".

Verlobung

An die Schwester

> Liebe Karin,
> ihr wollt es wirklich tun? :-o Dann lasst euch bloß nicht aufhalten :-))! Alles Liebe und Gute zur Verlobung für dich und deinen Schatz!
> Euer Sebastian .-#

An den Sohn
(Idee: im Mailanhang ein eingescanntes Foto mit dem Gratulanten von dem Ort, wo er sich gerade befindet)

Mein lieber Karl,
dir und deiner Corinna wünsche ich eine wunderschöne Verlobung. Ich denke hier an euch :-)
Dein alter Vater

Hochzeit

An Freunde
(Idee: im Mailanhang den im Gruß genannten Schlager als Audiodatei)

Liebe Bella, lieber Hanns,
„ganz in Weiß mit einem Blumenstrauß“? Ich kann es kaum erwarten, euch heute Mittag in der Kirche zu sehen!
Alles Gute für diesen Tag und toi, toi, toi! von Helga

An die Enkelin und ihren Bräutigam
(Idee: im Mailanhang das Foto eines Himmelbetts)

„Der normale Weg führte früher vom Altar zum Doppelbett. Im günstigsten Fall geht die Geschichte heute umgekehrt“ –, das fand Robert Lembke. Ich finde: Der Weg zu eurer Hochzeit war auf jeden Fall goldrichtig!
Alles Gute von Oma Maja

Silberhochzeit

An Bekannte

Liebe Frau Schmitt, lieber Herr Schmitt,
Sie haben die letzten 25 Jahre nicht etwa miteinander „durchgehalten“, sondern Ihre Sorgen geteilt und vor allem das Leben gemeinsam genossen. Für alle Jahre, die noch kommen werden, wünsche ich Ihnen mindestens genauso viel Freude und Glück.
Ihre Herma Handke

Goldene Hochzeit

An alte Freunde

Der Himmel war euch hold, aus Silber wurde Gold.

Lieber Helmut, liebe Katharina,
wer hätte gedacht, dass ich einmal dem Traumpaar unserer Schule zur goldenen Hochzeit gratulieren könnte? Möge euch der Himmel weiter hold sein!
Eure Emma

Geburt eines Kindes

An die Tochter und ihren Partner
(Idee: eine Beschreibung des Geschenks – hier also des Kinderwagens – in Form einer Anzeige)

„Zelt, nur einmal gebraucht, gegen Kinderwagen zu tauschen gesucht.“ Diese Anzeige hätte auch von euch stammen können, oder? ;-) Glückwunsch zu eurem kleinen Fabian – und den Kinderwagen bekommt ihr morgen von uns …
Alles Gute und Liebe wünschen Mama und Papa

An eine Bekannte

Jeder schafft die Welt neu mit seiner Geburt;
denn jeder ist die Welt. (Rilke)

Liebe Frau Schwimmer,
meine herzlichen Glückwünsche zu Ihrer kleinen Tochter, die für Sie sicher die Welt jeden Tag neu schaffen wird!
Ihre Klara Bergmann

Taufe

An die Nichte und ihren Mann

„Paulus schrieb an die Komantschen:
Erst kommt die Taufe, dann das Plantschen.“

Liebe Sara, lieber Heiner,
Ich weiß, dass ihr diesen Spruch von Robert Gernhardt nicht als respektlos auffassen, sondern euch darüber amüsieren werdet. Ich habe ihn gewählt, weil mir die Lebensfreude, die darin zum Ausdruck kommt, zur Taufe eurer kleinen Lisa genau richtig erscheint. Alles Gute euch allen!
Eure Tante Erika

Konfirmation/Kommunion

An den Cousin

(Idee: im Mailanhang ein Foto oder auch eine E-Postcard von einer Lieblingsfigur, einem Lieblingsstar des Cousins; ob Batman, Stefan Raab oder Julia Roberts …)

> Hallo Bernd,
> einen schönen Konfirmationstag/Kommunionstag, viele tolle Gäste und Supergeschenke wünscht dir
> dein Alfred

Geburtstag

An die Schwester

(Idee: in die Mail eine Torte, eventuell mit der Geburtstagszahl, aus kleinen „i" – stilisierten Kerzen – tippen)

> Je älter man wird, desto mehr ähnelt die Geburtstagstorte einem Fackelzug. (Katherine Hepburn)

> Liebes Schwesterherz,
> ganz so weit ist es ja noch nicht bei dir - aber du wirst eben immer drei Jahre älter sein als ich :-) Ganz herzliche Glückwünsche zum 45.!
> Deine Lara

An den Lebensgefährten

Mein Schatz,
auch wenn du jetzt im Büro sitzt: Du hast Geburtstag! Viele Küsse und Grüße – und freu dich schon mal auf heute Abend.
:-# Klara

Bestandene Prüfung

An den Enkel
(Idee: im Mailanhang ein Foto des Geschenks oder eine Audiodatei mit einem Lied, das thematisch zum Geschenk passt)

Mein lieber Klaus-Bernhard,
wenn du dies liest, sollte deine Abiprüfung schon hinter dir liegen. Ganz herzlichen Glückwunsch, du hast es überstanden!
Und sicher nicht mit dem schlechtesten Ergebnis :-)
Liebe Grüße von deinem Opa Schweden

Weihnachten und Neujahr

An eine befreundete Familie
(Idee: im Mailanhang eine Zeichnung oder Karikatur eines Weihnachtsmannes mit panischem Gesichtsausdruck)

Liebe Meiers,
trotz der alljährlichen Santa-Claustrophobie kurz vor Weihnachten wünschen wir euch ein wunderschönes Fest. Ihr kommt doch am 25.? Dann heißt es bei uns wieder: Auf die Plätzchen, fertig, los!
Eure Schmigelsteins

Kleine Glückwünsche zu verschiedenen Anlässen

Während es absurd wäre, wenn man einer Freundin brieflich zur neuen Frisur oder zum neuen Freund gratulieren wollte, braucht eine Nachricht per E-Mail oder SMS keinen „großen" Anlass. So, wie man ja auch mal schnell zum Telefon greift, um einen Freund zu fragen, was bei seinem Arztbesuch herausgekommen ist – genauso schnell ist eine SMS- oder E-Mail-Nachricht verschickt. Damit sagt man in der Regel einfach: „Ich habe an dich gedacht, ich interessiere mich für das, was du tust."
Wie man das tun kann, dafür finden Sie im Folgenden einige Beispiele zu verschiedenen „kleinen" Anlässen.

Neues Auto

An eine Freundin
(Idee: im Mailanhang eine Fotomontage der Freundin in einem Ferrari oder in ihrem neuen Auto)

> Hallo Babs,
> oder soll ich dich jetzt lieber „Michaela Schumacher" nennen?
> Herzlichen Glückwunsch zum neuen Flitzer. Und denk dran:
> Nie schneller fahren, als dein Schutzengel fliegen kann!
> Marga

Neues Haus, neue Wochnung

An die Nichte
(Idee: im Mailanhang die Zeichnung einer weinenden Königin oder das Foto einer hell erleuchteten Skihütte)

> Liebe Sabine,
> wie sagt eine chinesische Redensart: „Lieber die Hütte, wo man fröhlich ist, als der Palast, wo man weint.“ Ganz herzlichen Glückwunsch zu deiner ersten eigenen Wohnung!
> Onkel Karl-Heinz

An Freunde
(Idee: als Mailanhang eine Kohl-Karikatur oder eine gewollt dilettantische Zeichnung eines Hauses)

> „In unserem Verständnis ist ein Haus ein Gebäude mit vielen Fenstern und Türen“, so hat es Helmut Kohl auf den Punkt gebracht. Besser kann ich es auch nicht sagen, deshalb nur noch: Alles Gute im neuen Heim!
> Eure Betty

Neuer Job

An einen Freund
(Idee: als Telegramm mit Kronenmotiv; als Mail mit einer aus Dollarzeichen gestalteten Krone)

In Berlin sagt man: „Arbeet adelt. Ick bleebe bürgerlich. „Damit ist’s bei dir ja nun vorbei – alles Gute im neuen Job!
Dein Heinz

An eine frühere Arbeitskollegin

Liebe Odetta,
schade, dass du nicht mehr hier arbeitest – aber ganz herzliche Glückwünsche zu deinem tollen neuen Job!
Und da ja bekanntlich Dienst Dienst und Schnaps Schnaps ist: Wie wär's mit einem Gläschen auf dein Wohl? Morgen Abend?
Liebe Grüße von Charlotte

Neue Frisur

An eine Freundin

Hi Dora,
herzlichen Glückwunsch zur neuen Dauerwelle! Ich wette, du siehst „Haar scharf" aus! Bis später
Daisy

Umzug

An eine Freundin

Liebe Monika,
„dreimal umziehen ist so schlimm wie einmal abbrennen", fand schon Benjamin Franklin, der Erfinder des Blitzableiters ;-p Aber keine Panik, wir kommen ja zum Helfen vorbei …
Klaus und Dieter

Neuer Freund

An eine Kollegin

Hallo Beate,
Susi hat mir erzählt, du hast einen Neuen? Herzlichen Glückwunsch – das wurde aber auch Zeit! Wann stellst du ihn mir denn mal vor?
Nina

Scheidung

An eine Freundin

Liebe Claudia,
„es gibt sicher viele Gründe für Scheidungen, aber der Hauptgrund ist und bleibt die Hochzeit." Das hat vor dir schon Jerry Lewis erkannt. Ich weiß, dass du froh über diesen Schlussstrich bist, und deshalb: meine herzlichsten Glückwünsche! Wollen wir heute Abend einen auf deine neue Freiheit trinken?
Deine Amanda

Glücklich überstandene Operation

An die Mutter
(Idee: in einer Mail das Zitat in Form eines Hauses tippen)

„Mein Körper rät mir: Ruh dich aus!
Ich sage: Mach ich, altes Haus!"

Liebe Mama,
freue mich so, dass du die Operation gut überstanden hast. Jetzt halte dich an den obigen Rat von Robert Gernhardt, ja? Ich komme morgen Mittag vorbei.
Deine Sabine

SMS (Short Message Service)

Die Platz- und Gestaltungsmöglichkeiten bei den kleinen, praktischen SMS-Nachrichten fürs Handy sind geringer als bei der E-Mail.
Maximal 160 Zeichen kann eine Nachricht per SMS umfassen – maximal 130, wenn man einen kostenlosen SMS-Dienst nutzt, der einen Teil des Platzes für Werbung verwendet.
Emoticons sind hier natürlich ebenso möglich wie bei einer E-Mail.
In absehbarer Zukunft wird man per Handy auch Dateianhänge empfangen können. Noch gilt für SMS aber: Fassen Sie sich kurz! Und: Die Anrede darf ruhig entfallen. Als Absender sollten Sie sich dagegen namentlich zu erkennen geben.

SMS-Senden ist eines der einfachsten Dinge der Welt. Im Funktionsmenü Ihres Handys stoßen Sie beim Durchgehen der einzelnen Möglichkeiten auf eine Funktion, die „Kurznachrichten, „Textmeldungen", „Kurzmitteilungen" oder ähnlich heißt. Genau stehts natürlich in der Bedienungsanleitung des Gerätes. Wählen Sie die entsprechende Funktion aus und gehen Sie in ein SMS-Untermenü, in dem Sie die Funktion zur Texteingabe aktivieren. Jede ihrer Ziffertasten auf dem Handy ist gleichzeitig mit auch mit mehreren Buchstaben belegt. Beim ersten Druck auf die Taste sehen Sie die Zahl im Display. Drücken Sie die Taste mehrmals kurz hinterei-

nander, können Sie den ersten, zweiten oder dritten Buchstaben auswählen. Das Wort „Hallo“ zum Beispiel setzt sich aus folgender Tastenkombination zusammen: Dreimal kurz die Taste 4, zweimal Taste 2, viermal Taste 5, kurze Pause, erneut viermal Taste 5 und schließlich viermal die Taste 6. Die ein oder andere Feinheit der Eingabe, insbesondere auch die Sonderzeichen, die auf den Tasten 0, 1 und weiteren Tasten hinterlegt sind, sollten Sie in der Bedienungsanleitung nachlesen oder am besten gleich selbst ausprobieren. Wer sich das mühevolle Eintippen ersparen will, verschickt die SMS aus dem Computer via Mail aufs Handy. Kostenlos geht das beispielsweise über:
http://www.sms-kostenlos.de
http://www.lycos.de

Der große Vorteil von SMS: Sie können den Empfänger in der Regel überall erreichen. Gerade bei „kleinen“ Anlässen bietet sich oft eine SMS-Nachricht an, wenn Sie einfach kurz ausdrücken wollen, dass Sie an Ihr Gegenüber denken oder mit ihm fühlen. Ein Beispiel: Sie wissen, dass eine Freundin um 11 Uhr einen Zahnarzttermin hat, vor dem sie sich fürchtet. Um 12 Uhr schicken Sie ihr eine SMS-Nachricht, in der Sie sie zum überstandenen Arzttermin beglückwünschen.
Auch zu traditionellen Glückwunschanlässen kann man per SMS schnell gratulieren:

Geburtstag

160 kleine Zeichen,
die dich mit dieser Mail erreichen,
wollen dich heut herzlich grüßen,
um dir den Geburtstag zu versüßen.

Was meldet sich hier mit Geläute und Getute?
Es ist dein Handy: zum Geburtstag alles Gute!

Happy Birthday to you! Mit Gruß und Kuss dein (Name des Absenders)

Geburt

Dem neuen Erdenbürger ein dreifaches SMS-Hurra!
Es grüßen die Freunde den Papa und die Mama.

Hochzeit

Dem zukünftigen Eheleben
Erteile ich hiermit meinen Segen …

Muttertag

Zum Muttertag mit diesen Zeilen
Will ich dir feierlich mitteilen:
Du bist die beste Mutti auf der Welt!

Zum Schluss

Glückwünsche im Wandel der Zeiten – das könnte ein eigenes Thema sein. Briefstil und Geschenkideen verändern sich in dem Maße, wie sich unsere Lebensweise und unsere Umgangsformen verändern. „Meine besten Empfehlungen an Ihr Fräulein Tochter und an Ihre hochverehrte Frau Gemahlin", schrieb man vor fünfzig Jahren, als Glückwunschkarten mit Musik-Chips und sprechende, lernfähige und programmierbare Plüschtiere noch unbekannt waren. Doch was nützte technischer Fortschritt ohne originelle Ideen? Auch ein Buch kann Ideen immer nur nachfolgen, sie zusammenfassen, bestenfalls neue Ideen anregen. Sollte dies gelungen sein, würden sich Autor und Verlag über die eine oder andere neue Glückwunschidee freuen.

Im FALKEN Verlag sind zum Thema Glückwünsche, Verse und Gedichte zahlreiche Bücher erschienen. Sie sind überall erhältlich, wo es Bücher gibt.

Sie finden uns im Internet: **www.falken.de**

Dieses Buch wurde auf chlorfrei gebleichtem und säurefreiem Papier gedruckt.

Der Text dieses Buches entspricht den Regeln der neuen deutschen Rechtschreibung.

Dieser Band ist eine erweiterte Neuauflage des FALKEN Titels mit der ISBN 3 8068 2393 6

ISBN 3 8068 2758 3

Umschlaggestaltung: Rincon² Design & Produktion GmbH, Köln
Redaktion: Thomas Wieke, Wiesbaden; Marion Rupp, Aschaffenburg
Koordination und Redaktion dieser Ausgabe: Regine Gamm
Herstellung: Horst Bachmann
Zeichnungen: Peter Nieländer, Münster

Satz-/Lithobearbeitung: DM-SERVICE Mahncke & Pollmeier GmbH & Co. KG, Rodgau
Druck: Ludwig Auer GmbH, Donauwörth

817 2635 4453 6271